Reinhard Aehnelt
Manfred Kühn
Inga Schütte

# Lebensqualität in Klein- und Mittelstädten
## Monitoring im Städtekranz Berlin-Brandenburg

Herausgeber der Reihe REGIO transfer:

Prof. Dr. Dietrich Fürst, Universität Hannover
Prof. Dr. Heiderose Kilper, Leibniz-Institut für Regionalentwicklung und
Strukturplanung (IRS), Erkner
Prof. Volker Martin, Brandenburgische Technische Universität Cottbus
Prof. Dr. Günther Uhlig, Universität Karlsruhe

Autoren dieses Bandes: Dr. Reinhard Aehnelt, Dr. Manfred Kühn und Inga Schütte
Unter Mitarbeit von: Katrin Heinz, Stephan Kathke

Redaktion: Gregor Prinzensing (verantw.) und Petra Koch
DTP: Petra Geral

Leibniz-Institut für Regionalentwicklung und Strukturplanung (IRS)
Flakenstraße 28-31
15537 Erkner bei Berlin
Tel.: 03362/793-0
Fax: 03362/793-111
E-Mail: regional@irs-net.de
Direktorin: Prof. Dr. Heiderose Kilper

Bestellung von Publikationen
Tel.: 03362/793-118
Fax: 03362/793-111

Bei Abdruck ist die Einwilligung des IRS erforderlich.

12,00 Euro

ISBN 3-934669-06-9
ISSN 1611-5767

Druck: druckhaus köthen gmbH

Gedruckt auf chlorfrei gebleichtem Papier

# Abbildungsverzeichnis

# 1 Einführung

In dieser Arbeit werden inhaltliche und methodische Ergebnisse des Forschungsprojektes "Lebensqualität in Klein- und Mittelstädten" dargestellt, das im Rahmen des Förderschwerpunktes "Konzeption und Erprobung problemorientierter regionaler Berichtssysteme für eine nachhaltige Entwicklung" des Bundesministeriums für Bildung und Forschung (BMBF) im Zeitraum 2002 bis 2005 durchgeführt wurde. Ziel des Projektes war der Aufbau eines Berichtssystems zur Lebensqualität in Städten der Randregionen des Landes Brandenburg. Der Anwenderkreis besteht aus sieben Klein- und Mittelstädten, die sich zum Städtekranz Berlin-Brandenburg (ehemals Arbeitsgemeinschaft Regionale Entwicklungszentren des Städtekranzes im Land Brandenburg – ARGE REZ) zusammengeschlossen haben. Das Berichtssystem erlaubt ressortübergreifende Analysen, Bewertungen und Trendaussagen zur Lebensqualität in den einzelnen Klein- und Mittelstädten sowie Vergleiche zwischen den Städten. Dabei werden objektive Indikatoren (Datenanalysen) durch subjektive Indikatoren (Bürgerbefragungen) ergänzt. Als methodischer Neuansatz ist die Durchführung einer Onlinebefragung erprobt worden, die eine Rückkopplung und Erfolgskontrolle kommunaler Politik durch die Problemwahrnehmungen der Bürger erlaubt. Das Berichtssystem kann durch die Stadtverwaltungen nach Projektablauf selbstständig und mit geringen Kosten zu Monitoring-Zwecken weitergeführt werden. Aufgrund der beschränkten Ressourcen in Klein- und Mittelstädten wird jedoch eine Zusammenführung des Berichtssystems mit anderen bestehenden oder in Aufbau befindlichen Berichtssystemen (z.B. Nachhaltigkeitsberichte oder Stadtumbau-Monitoring) empfohlen.

## 1.1 Ziele und Anlass des Projektes

War die Phase nach der Wiedervereinigung Deutschlands bis in die erste Hälfte der 1990er Jahre noch durch den weit verbreiteten Glauben an aufholende Wachstumsprozesse in Ostdeutschland ("blühende Landschaften") als Basis für die erhoffte Angleichung der Lebensbedingungen zwischen ost- und westdeutschen Städten und Regionen getragen, so hat etwa zur Jahrtausendwende ein tiefgreifender Paradigmenwechsel vom Wachstum zur Schrumpfung stattgefunden. In der Stadtpolitik wurde dieser Paradigmenwechsel durch den Bericht der Kommission "Wohnungswirtschaftlicher Strukturwandel in den neuen Bundesländern" aus dem Jahr 2000 markiert (www.schader-stiftung.de, Juni 2004). Dieser Bericht hat die bis dahin weitgehend tabuisierten demografischen, wirtschaftlichen und daraus resultierenden städtebaulichen Schrumpfungsprozesse in den Städten Ostdeutschlands erstmals öffentlichkeitswirksam thematisiert. Angesichts eines fortschreitenden Arbeitsplatzabbaus, steigender Arbeitslosenquoten und Abwanderungen qualifizierter Arbeitskräfte, einer Welle der Wohnsuburbanisierung in das Umland der Städte, des anhaltenden Geburtenrückgangs sowie der strukturellen Wohnungsleerstände ist seitdem die *"schrumpfende Stadt"* zum vorherrschenden Paradigma der Stadtforschung und -politik in Ostdeutschland geworden. Der städtebauliche Bericht der Bundesregierung 2004 zeigt, dass sich in Ostdeutschland mit Ausnahme einiger "Leuchttürme" die schrumpfenden Städte konzentrieren (BBR 2005: 14). Da gleichzeitig einige westdeutsche Stadtregionen wie München, Stuttgart oder Frankfurt am Main weiter prosperieren, verstärken sich die räumlichen Disparitäten zwischen West- und Ostdeutschland seit Ende der 1990er Jahre weiter. Aber auch in Westdeutschland steigt die Zahl der von Schrumpfung betroffenen Städte. Künftig werden sich daher die räumlichen Entwicklungsdisparitäten zwischen Regionen und Städten in Ost und West weiter ausdifferenzieren. Die Lebensverhältnisse zwischen wachsenden und schrumpfenden Städten gleichen sich nicht an, sondern entwickeln sich auseinander. Nach den vorliegenden Bevölkerungsprognosen wird sich der Einwohnerschwund in den meisten Städten Ostdeutschlands in den nächsten Jahrzehnten fortsetzen. Besonders die früheren Industriestädte in peripherer Lage werden demnach bis zum Jahr 2030 teilweise bis zur Hälfte ihrer Einwohner seit der Wende verloren haben.

Die Abwanderungen aus den ostdeutschen Städten, sei es zu den Arbeitsplätzen in ferneren, prosperierenden Regionen Westdeutschlands bzw. Westeuropas oder in das Eigenheim im nahen Umland, lassen sich teilweise als eine *Abstimmung mit den Füßen* über die Lebensqualität in diesen Städten interpretieren. Umfragen des Bundesamtes für Bauwesen und Raumordnung zeigen, dass die Unzufriedenheit der Bürger mit ihrem Wohnort in ostdeutschen Städten weitaus höher ist als in westdeutschen Städten. Am unzufriedensten zeigen sich dabei die Bewohner der ostdeutschen Mittel- und Kleinstädte. Dies wird vor allem mit Defiziten im Bereich Ausbildungsplätze, Arbeits- und Verdienstmöglichkeiten erklärt (Gatzweiler, Meyer, Milbert 2003: 563). Die *Abstimmung mit den Füßen* hat zwei Seiten: ist auf der einen Seite die Erwerbsbasis in den meisten ostdeutschen Städten zu klein, um die bisherigen Bewohner zu halten, erweisen sich auf der anderen Seite viele Städte als nicht attraktiv genug, um neue Zuwanderer anzuziehen. Gerade höher qualifizierte Berufsgruppen meiden teilweise die ostdeutschen Städte, vermutlich aufgrund einer als nicht ausreichend wahrgenommenen Lebensqualität. Im Ergebnis existiert in einigen Städten und Regionen des Landes Brandenburg heute z.b. die paradoxe Situation eines Fachärztemangels bei gleichzeitig hoher Arbeitslosigkeit von Ärzten im benachbarten Berlin.

In den schrumpfenden Städten besteht die Gefahr einer Abwärtsspirale: Abwanderungen und fehlende Arbeitsplätze führen zu Kaufkraft- und Steuereinnahmeverlusten, abnehmende öffentliche und private Mittel bewirken sinkende Investitionen, welche wiederum zu Abwanderungen beitragen können. Für die Stadtpolitik in Ostdeutschland stellt sich angesichts der Schrumpfungstrends und -prognosen immer drängender die Frage, wie sich die Lebensqualität in den schrumpfenden Städten sichern lässt. Auch viele Programme des Bundes und der Länder orientieren sich heute mehr oder weniger direkt am Ziel der Verbesserung der Lebensqualität in den Städten. Das Bund-Länder-Programm Stadtumbau Ost zielt beispielsweise nicht nur auf den Rückbau leer stehender, dauerhaft nicht mehr benötigter Wohngebäude, sondern auch auf die Aufwertung der von Rückbaumaßnahmen betroffenen Quartiere. "Dabei sollen auch Chancen für mehr Lebensqualität durch Verringerung der Wohnungsdichte genutzt werden" heißt es im Merkblatt für die Finanzhilfen des Bundes (BMVBW 2001: 3). Auch der Forschungsverbund "Stadt 2030" des Bundesministeriums für Bildung und Forschung hat langfristig angelegte Zukunftskonzepte in 21 Städten und Regionen gefördert, u.a. "um die Kernstädte als Standort für Wohnen, Arbeiten, Versorgung und Freizeit zu stärken – und damit auch die Voraussetzungen für eine hohe Lebensqualität und für ein intaktes soziales Miteinander zu sichern", so das Vorwort einer Broschüre (BMBF 2003: 5). Auch andere Programme wie "Die Soziale Stadt", "Urban II" oder "Zukunft im Stadtteil" haben die Sicherung und Verbesserung der Lebensqualität in benachteiligten Stadtquartieren als übergeordnetes Ziel.

Doch mit welchen konkreten Maßnahmen lässt sich die Lebensqualität in schrumpfenden Städten sichern? Angesichts der komplexen Problemlagen und Ursachen der Stadtschrumpfung scheinen ressortbezogene Lösungsansätze, wie sie beispielsweise der Städtebau darstellt, zu kurz zu greifen. So hat die Sanierung historischer Stadtkerne durch das Programm Städtebaulicher Denkmalschutz das Erscheinungsbild vieler ostdeutscher Städte seit der Wende wesentlich verbessert und das Programm Stadtumbau Ost neben dem Abriss leer stehender Wohnungen die Aufwertung der von Rückbaumaßnahmen betroffenen Stadtquartiere gefördert. Wie die retrospektiven Erfahrungen mit der "städtebaulichen Weiterentwicklung von Großwohnsiedlungen" in den 1990er Jahren jedoch zeigen, ist eine bauliche Aufwertung des Wohnumfeldes allein kein Garant dafür, um Abwanderungsprozesse aus diesem Siedlungstyp aufgrund gewandelter Wohnpräferenzen aufzuhalten.

Angesichts der vielschichtigen Ursachen der Stadtschrumpfung scheint nur ein komplexer, ressortübergreifender Ansatz angemessen. Das Konzept der städtischen Lebensqualität entspricht einem solchen Ansatz. Städtische Lebensqualität ist ein querschnittsorientiertes Konzept und umfasst die wichtigsten Lebensbereiche einer Stadt: Welche Arbeits- und Einkommensmöglichkeiten bietet die Stadt? Welche Wohnqualitäten sind vorhanden? Welche Freizeit- und Naherholungsmöglichkeiten gibt es? Welche Schulformen und Ausbildungsmöglichkeiten werden angeboten? Wie ist es um die Sicherheit in den öffentlichen Räumen der Stadt bestellt? Das Konzept Lebensqualität umfasst mit einem breiten Spektrum nicht nur "harte" und "weiche" Standortfaktoren, sondern auch die durch "objektive" Daten ermittelbaren Lebensbedingungen und die durch Umfragen ermittelbare Zufriedenheit der Bürger (vgl. Kap. 3).

Der Paradigmenwechsel von der wachsenden zur schrumpfenden Stadt, die schwindenden Hoffnungen auf eine baldige Angleichung an westdeutsche Lebensstandards und die im Stadtbild in Gestalt von Leerständen, Abrissen, Ruinen und Stadtbrachen immer deutlicher werdenden Folgen der Schrumpfung haben auch die Klein- und Mittelstädte des Städtekranzes Berlin-Brandenburg veranlasst, ihre Lebensqualitäten neu zu bestimmen. Welche Entwicklungstrends in den einzelnen Lebensbereichen Arbeiten, Wohnen, Freizeit, Bildung usw. verlaufen positiv, welche negativ? Wo kann man überhaupt gegensteuern? Welche Stärken und Schwächen haben die einzelnen Städte in der Wahrnehmung ihrer

Bürger? Um diese Fragen beantworten zu können, haben sich die sieben Klein- und Mittelstädte des Städtekranzes Berlin-Brandenburg im Jahr 2001 dazu entschlossen, ein Berichtssystem zur Lebensqualität ihrer Städte zu entwickeln. Zu diesem Städtekranz zählen: Brandenburg an der Havel, Cottbus, Eberswalde, Frankfurt (Oder) sowie Jüterbog, Luckenwalde und Neuruppin.

Die Erarbeitung und Implementierung dieses Berichtssystems zur Lebensqualität erfolgte im Rahmen des vom Bundesministerium für Bildung und Forschung (BMBF) geförderten Projektes.[1] Mit der Entwicklung dieses Berichtssystems sollten Daten und Indikatoren aus unterschiedlichen Quellen und Fachressorts zusammengeführt und für neue Formen und Verfahren der Politikberatung nutzbar gemacht werden. Den beteiligten Gemeinden sollte das Berichtssystem nach Abschluss des Forschungsprojektes eine eigenständige Weiterführung erlauben. Dabei sollte es sich nicht um eine rein quantitativ orientierte Datenbeschaffung handeln, sondern auch um die qualitative Erhebung der Zufriedenheit der Bürger mit verschiedenen Aspekten ihrer Stadt. Das Berichtssystem sollte Frühwarnfunktion für die Stadtpolitik haben, um negative Entwicklungstrends rechtzeitig erkennen und ihnen entgegenwirken zu können. Ferner sollte es als ressortübergreifende Informationsbasis dienen, auf deren Grundlage strategische Entscheidungen in Stadtpolitik und -verwaltung getroffen werden können. Neben der Identifizierung von Entwicklungstrends sollten räumliche Vergleiche zwischen den sieben untersuchten Städten möglich sein. Die Erstellung und Implementierung des Berichtssystems erfolgte innerhalb der dreijährigen Laufzeit des Projektes von September 2002 bis August 2005.

---

1   Das Projekt "Lebensqualität in Klein- und Mittelstädten – Integrierte Berichtssysteme zur nachhaltigen Entwicklung von regionalen Zentren des Städtekranzes im Land Brandenburg" (07 RBS 13) wurde als ein Verbundprojekt zwischen dem Leibniz-Institut für Regionalentwicklung und Strukturplanung (Projektleitung), dem Forschungsbüro Advis sowie der Arbeitsgemeinschaft regionaler Entwicklungszentren im Städtekranz Berlin-Brandenburg durchgeführt, zu der sich die sieben genannten Städte zusammengeschlossen haben. Für die Koordination fungierte die Ernst Basler + Partner GmbH als Geschäftsstelle des Städtekranzes.

Während der Projektlaufzeit ist es dabei zu einer Modifikation der inhaltlichen Projektziele gekommen. Zu Beginn des Projektes wurde ein Berichtssystem angestrebt, das die beiden komplexen Zielsysteme Lebensqualität und Nachhaltigkeit miteinander verbinden sowie Schnittmengen
und Widersprüche aufdecken sollte. Eine Gemeinsamkeit der Konzepte
Nachhaltigkeit und Lebensqualität liegt in ihrem fachübergreifenden,
komplexen Ansatz, welcher die drei Grunddimensionen Ökonomie, Soziales und Ökologie umfasst. Beide Ansätze sind aus der post-materiel-
len Wachstumskritik der 1970er Jahre entstanden und streben im Kern
einen Ausgleich zwischen Ökonomie und Ökologie durch suffizientere
Lebensstile an. Nicht zufällig bestehen zwischen den kommunalen
Nachhaltigkeitsberichten wie z.b. dem Leitfaden "Indikatoren im Rahmen einer lokalen Agenda 21" (FEST 2000) und dem "Lebensqualität-
Atlas" (Korczak 1995), welcher die Lebensqualität in kreisfreien Städten
und Landkreisen Deutschlands misst, große Schnittmengen im verwen-
deten Indikatoren-Set. Ein wichtiger Unterschied zwischen Nachhaltigkeit und Lebensqualität liegt allerdings in der Gewichtung der drei Grunddimensionen: Während manche Vertreter der Nachhaltigkeit aus einer bio-
zentrischen Position heraus ein Primat der Ökologie (Sicherung der natürlichen Lebensgrundlagen) gegenüber sozialen und ökonomischen Be-
langen fordern, basiert der anthropozentrische Ansatz der Lebensqualität
auf der Annahme einer subjektiven Bedürfnishierarchie, wonach die Befriedigung sozioökonomischer Grundbedürfnisse (Ernährung, Arbeit,
Wohnung) die Basis für höherwertige Bedürfnisse (u.a. ökologische Ansprüche nach sauberer Luft, Wasser sowie guten Nahrungsmitteln) bildet. Im Laufe des Projektes entwickelte sich die Messung der Lebensqualität mehr und mehr zum zentralen Ziel für die Vertreter aus den beteiligten Städten. Der Aspekt der Nachhaltigkeit rückte in den Hintergrund.
Dies hat mehrere Gründe:

· In den letzten Jahren ist die wissenschaftliche und politische Aufmerksamkeit für das Thema der nachhaltigen Entwicklung deutlich zurückgegangen. Das Verständnis des komplexen Ansatzes der Nachhaltigkeit ist bis heute uneinheitlich und lässt sich daher nur schwer opera-
   tionalisieren. Nachhaltigkeit wird vielfach nur noch als "konsens-
   stiftende Leerformel" gebraucht. In vielen Städten scheinen die in den
   1990er Jahren mit Euphorie gestarteten Lokale Agenda 21-Initiativen

inzwischen an Schwung verloren zu haben. Lokale Nachhaltigkeitsberichte werden in vielen Fällen nicht mehr weitergeführt.

- Aufgrund der drängenden sozioökonomischen Problemlagen (demografische Schrumpfung, Arbeitslosigkeit, Abwanderungen) stehen in Ostdeutschland ökologische Fragen des Umwelt- und Naturschutzes (z.b. Flächenverbrauch, Verkehrsbelastungen) in vielen Bereichen derzeit nicht im Vordergrund der politischen Agenden und öffentlichen Diskurse. Freiflächen und andere natürliche Ressourcen sind in den meisten Städten Ostdeutschlands heute keine knappen Güter. Das "Primat der Ökonomie" erklärt den tendenziell abnehmenden Stellenwert von Umweltthemen in Ostdeutschland und die stärkere politische Hinwendung zum Thema Lebensqualität.

- Die Stadtentwicklungspolitik in Ostdeutschland wird seit dem Jahr 2001 weniger durch das Leitbild der nachhaltigen Stadtentwicklung als vielmehr durch das aktuelle Thema des Stadtumbaus dominiert. Im Rahmen des Bund-Länder-Förderprogramms "Stadtumbau Ost" soll durch den Abriss leer stehender Wohnungen und die Aufwertung des Wohnumfeldes die Lebensqualität in den schrumpfenden Stadtquartieren gesichert werden. Auch andere Förderprogramme wie Soziale Stadt und URBAN II streben eine Verbesserung der Lebensqualität in den Städten an.

Aus diesen Gründen legen wir in unserem Berichtssystem den Schwerpunkt auf die Lebensqualität und gehen lediglich in zwei Exkursen bei der Interpretation ausgewählter Indikatoren auf Widersprüche oder Diskrepanzen zwischen Lebensqualität und Nachhaltigkeit ein.

Bevor der Stand der Lebensqualitätsforschung in Kapitel 2 dargestellt wird, beschreiben wir im kommenden Abschnitt zunächst die Bedeutung der Klein- und Mittelstädte als Siedlungs- und Lebensform in Ostdeutschland und portraitieren die Untersuchungsstädte des Städtekranzes Berlin-Brandenburg.

## 1.2 Klein- und Mittelstädte – der Städtekranz Berlin-Brandenburg

Ein Berichtssystem zur Lebensqualität in Klein- und Mittelstädten zu konzipieren, erscheint besonders in Ostdeutschland aus folgenden Gründen gerechtfertigt:

- Klein- und Mittelstädte prägen die Siedlungsstruktur Ostdeutschlands in quantitativer Hinsicht. Den insgesamt 442 Kleinstädten (bis 20.000 Einwohner) und 162 Mittelstädten (20.000 bis 100.000 Einwohner) stehen lediglich 13 Großstädte (über 100.000 Einwohner) gegenüber. In Klein- und Mittelstädten Ostdeutschlands leben knapp 45 Prozent der ostdeutschen Bevölkerung (Gatzweiler, Meyer, Milbert 2003: 572).
- Besonders die ostdeutschen Mittelstädte weisen gegenüber den Großstädten deutlich stärkere demografische und wirtschaftliche Schrumpfungstrends auf. In den Mittelstädten ist der Bevölkerungsschwund im Zeitraum 1997 bis 2001 mit -5,3 Prozent am höchsten (Großstädte: -2,5 Prozent, Kleinstädte: -2,1 Prozent). Ebenso ist hier der Wanderungssaldo mit -27,2 Prozent mit Abstand am negativsten (Großstädte: -7,5 Prozent, Kleinstädte: -6,7 Prozent). Die Arbeitslosenquote ist in Klein- und Mittelstädten am höchsten, die Arbeitsplatzentwicklung ist mit -9,8 Prozent in Mittelstädten, aber auch in Kleinstädten mit -9,2 stark rückläufig (Großstädte: -4,2 Prozent) (Gatzweiler, Meyer, Milbert 2003: 573).
- Viele Klein- und Mittelstädte in Ostdeutschland haben eine monostrukturierte Wirtschaftsstruktur – am stärksten in Städten des Stadtumbautyps "DDR-Entwicklungsstadt" ausgeprägt – und weisen im Jahr 2000 noch einen weitaus höheren Anteil der Arbeitsplätze im sekundären Sektor auf als Großstädte. Damit können sie weniger vom Zuwachs der Dienstleistungsbranchen (u.a. Finanz- und Beratungsdienste, FuE, Medien und Tourismus) profitieren, die auch in den ostdeutschen Großstädten zu einer gewissen Stabilisierung der Beschäftigungsbasis beitragen (Gatzweiler, Meyer, Milbert 2003: 572).
- Wie die Umfragen des Bundesamtes für Bauwesen und Raumordnung außerdem zeigen, ist die Unzufriedenheit der Bürger in ostdeutschen Klein- und Mittelstädten höher als in ostdeutschen Großstädten oder Landgemeinden (Gatzweiler, Meyer, Milbert 2003: 563). Dies deutet auf die Gefahr weiterer Abwanderungen aus diesem Siedlungstyp hin.

Auch in Brandenburg dominieren Klein- und Mittelstädte die Siedlungs-struktur des Landes. Den lediglich zwei Großstädten im Land[2] stehen 75 Mittelstädte und 35 Kleinstädte gegenüber. Der Städtekranz Berlin-Bran-denburg besteht aus sieben Klein- und Mittelstädten, die in einer Entfer-nung zwischen 50 und 140 km um Berlin liegen: Brandenburg an der Havel, Cottbus, Eberswalde, Frankfurt (Oder), Neuruppin sowie Lucken-walde und Jüterbog (als Doppelzentrum). Der Städtekranz hat eine Schlüs-selrolle im raumordnerischen Leitbild der Dezentralen Konzentration ein-genommen. Für sie wurde Anfangs der 1990er Jahre eine Doppelfunkti-on planerisch definiert: die dünn besiedelten, ländlich strukturierten Rand-regionen Brandenburgs als "regionale Entwicklungszentren" zu stabili-sieren und Berlin mit seinem brandenburgischen Umland vom erwarte-ten starken Siedlungsdruck zu "entlasten" (MUNR 1998: 53). Um diese Aufgaben wahrnehmen zu können, haben sich die Städte 1995 zur Ar-beitsgemeinschaft regionaler Entwicklungszentren des Städtekranzes zusammengeschlossen (Arndt, Jähnke, Triller 1997: 19).

Das dem Städtekranz zugrunde liegende Leitbild der Dezentralen Konzentration basierte auf den verbreiteten Wachstumserwartungen zu Be-ginn der 1990er Jahre. Auf der Grundlage euphorischer Wachstums-prognosen orientierte sich dieses Leitbild an Stadterweiterungsmodellen prosperierender Metropolen. Die alten Städte Brandenburg an der Havel, Frankfurt (Oder) oder Cottbus bekamen planerisch eine vergleichbare Rol-le wie die 'New Towns' um London bzw. die 'Villes Nouvelles' um Paris zugeschrieben (IRS 1993). Das Leitbild der Dezentralen Konzentration gilt aufgrund des demografischen Wandels und entgegenlaufender Ent-wicklungstrends inzwischen als gescheitert und wird aktuell durch die Landesregierung revidiert. Wichtige Gründe dafür sind:

· Die demografischen und wirtschaftlichen Disparitäten zwischen Ber-lin mit seinem aufgrund von Suburbanisierungsprozessen wachsenden brandenburgischen Umland sowie den schrumpfenden Randregionen Brandenburgs wurden seit den 1990er Jahren nicht eingeebnet, son-dern haben sich weiter verschärft.

---

2 Landeshauptstadt Potsdam und Cottbus. Die Stadt Cottbus wird durch die prognostizierten Bevölkerungsrückgänge in Zukunft voraussichtlich unter die statistische Grenze von 100.000 Einwohnern fallen. Deshalb wurde sie im Rahmen des Projektes als Mittelstadt eingestuft.

- Die Definition von "Entlastungsfunktionen" des Städtekranzes setzt einen Wachstumsdruck und die Verteilung von Wachstumsüberschüssen voraus, die im Metropolraum aufgrund der Wirtschaftsschwäche Berlins bisher nicht oder nicht ausreichend vorhanden sind.
- Zudem wurden die großen Entfernungen und die dünne Besiedlung des Flächenlandes Brandenburgs trotz verbesserter Verkehrsanbindungen als Entwicklungshemmnis deutlich unterschätzt. Eine Fahrt von Berlin nach Cottbus oder auch Neuruppin und zurück entspricht beinahe noch dem zeitlichen Aufwand einer Tagesreise.
- Die Städte des Städtekranzes sind als Vertreter von Doppel- und Altbaustädten im Sinne der Stadtumbauklassifizierung insbesondere durch sehr hohe Leerstände im Großsiedlungsbestand, aber zum Teil auch im Altbaubestand betroffen. Am Programm Stadtumbau Ost nehmen fünf der sieben Städte teil.
- Die Pendlerverflechtungen zwischen Berlin und den Städten der Randregionen Brandenburgs entwickeln sich trotz verbesserter Verkehrsverbindungen bisher nur langsam. Etwa 90 Prozent der Ein- und Auspendlerströme zwischen Berlin und Brandenburg spielen sich heute noch im Umland Berlins ab und erreichen nicht die Randregionen sowie den Städtekranz.
- Anstelle sich zu leistungsfähigen regionalen Entwicklungszentren für die ländlichen Räume zu entwickeln, zählen gerade die größeren Mittelstädte aufgrund der Deindustrialisierung, der hohen Arbeitslosenquoten von zum Teil weit über 20 Prozent, sowie einer Welle der Wohnsuburbanisierung in den 1990er Jahren zu den Verlierern der Wanderungsbewegungen im Land Brandenburg.

Aufgrund dieser veränderten Rahmenbedingungen ist die Erhaltung und Verbesserung der Lebensqualität eine große Herausforderung in den schrumpfenden Städten des Städtekranzes.

## 1.3  Beschreibung der Untersuchungsstädte

Im Folgenden werden die einzelnen Städte des Städtekranzes in ihren siedlungs-, wirtschafts- und infrastrukturellen Grundzügen beschrieben und ihr Strukturwandel seit der Wende grob charakterisiert. Einen Über-

blick über die demografische Schrumpfungsdynamik der Städte gibt die
folgende Abbildung.

| Jahr | 1990* | 1995 | 2000 | 2003 | 1995 bis 2003 in % | 1990 bis 2003 in % |
|---|---|---|---|---|---|---|
| Brandenburg a.d. Havel | 91.862 | 85.994 | 77.516 | 75.485 | -12,2 | -17,8 |
| Cottbus | 131.815 | 123.214 | 108.491 | 107.549 | -12,7 | -18,4 |
| Eberswalde | 53.209 | 49.212 | 44.623 | 42.236 | -14,2 | -20,6 |
| Frankfurt (Oder) | 86.131 | 80.367 | 71.468 | 66.341 | -17,5 | -23,0 |
| Jüterbog | 15.028 | 14.107 | 13.775 | 13.309 | -5,7 | -11,4 |
| Luckenwalde | 26.216 | 24.343 | 22.569 | 21.790 | -10,5 | -16,9 |
| Neuruppin | 33.925 | 32.438 | 32.193 | 31.363 | -3,3 | -7,6 |
| Eigene Daten, * LUA 2002 | | | | | | |

Abb. 1: Einwohnerzahl und -entwicklung im Städtekranz Berlin-Brandenburg

### Brandenburg an der Havel

Die als Oberzentrum ausgewiesene kreisfreie Stadt Brandenburg an der
Havel hatte im Jahr 2003 ca. 75.500 Einwohner und liegt ca. 50 km west-
lich von Berlin. Mit ihrer über tausendjährigen Geschichte ist Brandenburg an der Havel die älteste Stadt im Land Brandenburg. Die historischen
mittelalterlichen Stadtkerne Altstadt, Neustadt und Dominsel weisen die
höchste Denkmaldichte des Landes auf. Die Havel ist Namensgeberin der
Stadt und durchfließt in Gestalt zahlreicher Nebenarme und dreier Seen
das Stadtgebiet. Die Wasserlage der Stadt bietet große Potenziale für Freizeit und Wassersport. In der zweiten Hälfte des 19. Jahrhunderts entwickelte sich Brandenburg an der Havel zur größten Industriestadt der Pro-
vinz Brandenburg. Die Errichtung eines Stahl- und Walzwerkes führte zu
einem Aufschwung der Schwerindustrie und einem starken Bevölkerungs-
wachstum der Stadt. Brandenburg an der Havel war zu Beginn des 20.
Jahrhunderts stark vom Arbeitermilieu geprägt und ein Vorreiter des sozialen Städte- und Wohnungsbaus. In der DDR stieg Brandenburg an der
Havel als "Industriestadt im Grünen" durch den Ausbau des Stahl- und
Walzwerkes mit bis zu 9.000 Beschäftigten zum größten Rohstahlprodu-
zenten auf. Nach der Wende erlebte die Stadt durch die Schließung des
Stahl- und Walzwerkes und den Abbau von Arbeitsplätzen einen großen
Strukturbruch, den sie bis heute noch nicht bewältigt hat. Die Stadt hat
seit 1990 17,8 Prozent ihrer Einwohner verloren. Das Qualifikationsni-
veau der Beschäftigten ist bis heute relativ gering (BBR 2003a). Auf dem

Abb. 2: Innenstadt Brandenburg an der Havel (Foto: Ernst Basler + Partner GmbH)

früheren Stahlwerks-Gelände befinden sich heute ein Gewerbepark und ein Industriemuseum. Trotz einiger industrieller Neuansiedlungen hält die wirtschaftliche Strukturschwäche bis heute an und zeigt sich z.B. in einem vergleichsweise geringen Einpendleranteil. In der städtebaulichen Erneuerung hinkte die Stadt in den 1990er Jahren anderen märkischen Städten deutlich hinterher. Neue Leitbilder, die Stadt als Wasser-, Kultur- und Bildungsstadt zu profilieren, sind zwar vorhanden, bilden bisher jedoch noch relativ schwache Impulse für die Stadtentwicklung.


***Cottbus***
Die kreisfreie Stadt Cottbus hatte im Jahr 2003 ca. 107.500 Einwohner und war damit zweitgrößte Stadt im Land Brandenburg. Die Stadt liegt als "Tor zur Lausitz" ca. 140 km südöstlich von Berlin entfernt und weist dadurch eine relative starke regionale Eigenständigkeit auf. Cottbus hat traditionell eine ausgeprägte Anziehungskraft für Einpendler und erfüllt zentralörtliche Funktionen als Einkaufsstadt für die Lausitz. Cottbus war als DDR-Bezirksstadt das Zentrum des Lausitzer Braunkohlereviers und

der Energiewirtschaft in der DDR. Durch eine gezielte Ansiedlungspolitik wuchs die Bevölkerung der Stadt von 61.000 (1950) auf 123.000 Einwohner im Jahr 1991. Seit der Wende befindet sich die Stadt in einem tiefgreifenden wirtschaftlichen Strukturwandel. Die Stadt hat bis 2003 18,4 Prozent ihrer Einwohner verloren. Als Sitz der Brandenburgischen Technischen Universität Cottbus und Teilsitz der Fachhochschule Lausitz profiliert sich Cottbus seit der Wende auch als zweitgrößter Forschungsstandort in Brandenburg. In diesem Umfeld sind auch einige Neuansiedlungen von Unternehmen zu verzeichnen. Auch das Standbein Energiewirtschaft wird durch aktuelle Konzentrationen von Verwaltungsfunktionen ansässiger Energieunternehmen gestärkt. Cottbus weist heute ein überdurchschnittlich qualifiziertes Arbeitskräftepotenzial auf. Die Durchführung der Bundesgartenschau 1995 ging mit frühen Impulsen zur städtebaulichen Erneuerung der historischen Innenstadt einher. Der Aufbau eines neuen Messe- und Tagungszentrums, viele Neubauten von Hotels, Banken und Kreditinstituten sowie die Modernisierung des Bahnhofs sind wichtige Erneuerungsprojekte in der Stadt. Der nahe Spreewald und der durch Pückler gestaltete Branitzer Schloßpark sind für den überregionalen Tourismus attraktive Standortfaktoren.

Abb. 3: Innenstadt Cottbus (Foto: Stadt Cottbus)

## Eberswalde

Die Stadt Eberswalde hatte im Jahr 2003 ca. 42.200 Einwohner und liegt etwa 50 km nordöstlich von Berlin. Die "Wiege der brandenburgisch-preußischen Industrie" am Finowkanal erfuhr im 19. Jahrhundert einen neuen Industrialisierungsschub durch die Ansiedlung metallverarbeitender Betriebe (u.a. Kranbau, Walzwerk, Rohrleitungsbau). Als "Waldstadt" inmitten großer Waldgebiete und Tor zur ländlichen Region der Uckermark hat die Stadt Eberswalde zugleich lange Traditionen im Forstwesen (u.a. Sitz der Preußischen Forstakademie und Forstlichen Hochschule). In der DDR wurde eine großindustrielle Fleischwarenfabrik angesiedelt. Die 1970 zusammengelegten Städte Eberswalde und Finow bilden eine etwa neun Kilometer lange Bandstadt entlang der Bundesstraße. Beide Städte sollten in der DDR durch die Errichtung der Großwohnsiedlung "Brandenburgisches Viertel" zusammenwachsen, was bis heute eine städtebauliche Zentrenbildung erschwert. Die Altstadt wurde im Zweiten Weltkrieg zum großen Teil zerstört. Heute weist Eberswalde nur Reste eines historischen Stadtkerns auf. Eberswalde hat seit der Wende 20,6 Prozent seiner Einwohner verloren. Der wirtschaftliche Strukturwandel hält bis heute an. Die frühere Eisenspalterei wurde im Rahmen der Landesgartenschau 2002 in einen Landschafts- und Freizeitpark umgewandelt. Der neu errichtete Technologie- und Gewerbepark in peripherer Lage am Oder-Havel-Kanal zeigt sich bisher noch wenig ausgelastet. Durch die Ansiedlung der Fachhochschule in der Innenstadt im Jahr 1992 bestehen Ansätze zur Entwicklung des Dienstleistungssektors. Die Nähe von Großschutzgebieten

Abb. 4:  Innenstadt Eberswalde
         (Foto: Schütte)

(u.a. Biosphärenreservat Schorfheide-Chorin, Nationalpark Unteres Odertal) sowie die Erschließung des Finowkanals für die Erholung geben einige touristische Entwicklungsimpulse.

### *Frankfurt (Oder)*

Die kreisfreie Stadt Frankfurt (Oder) hatte im Jahr 2003 ca. 66.000 Einwohner und ist damit die viertgrößte Stadt in Brandenburg. Als Geburtsstadt Heinrich von Kleists nennt sich Frankfurt (Oder) seit kurzem "Kleiststadt". Frankfurt (Oder) liegt an der Grenze zu Polen etwa 80 km östlich von Berlin. Der Grenzfluss Oder trennt die Stadt von der polnischen Nachbarstadt Słubice, der früheren Dammvorstadt. Frankfurt (Oder) war seit dem Mittelalter eine bedeutende Universitäts-, Hanse- und Messestadt. Die Innenstadt wurde am Ende des Zweiten Weltkriegs zu etwa 70 Prozent zerstört und im 1950er Jahre-Zeilenbau ohne Anknüpfung an das historische Stadtbild wiederaufgebaut. Als DDR-Bezirksstadt entwickelte sich Frankfurt (Oder) seit 1958 zum Sitz eines Halbleiterwerks mit zeitweise über 9.000 Beschäftigten. 1983 kam das Institut für Halbleiterphysik

Abb. 5: Innenstadt Frankfurt (Oder) (Foto: Baldauf)

hinzu. Damit einher ging eine gezielte Bevölkerungsansiedlung, die den Bau der Großwohnsiedlung Neuberesinchen erforderte, wo Mitte der 1990er Jahre etwa 64 Prozent der Einwohner Frankfurts lebten. Mit der Wiedervereinigung verlor Frankfurt (Oder) seine Bezirksstadtfunktion, das Halbleiterwerk wurde geschlossen. Frankfurt (Oder) hat seit der Wende 23 Prozent seiner Bevölkerung verloren. Der Niedergang der Technologiekompetenzen in der Mikroelektronik und die Abwanderung qualifizierter Arbeitskräfte konnten bisher nicht aufgehalten werden, da die Ansiedlung einer bereits im Bau befindlichen Chipfabrik im Jahr 2003 scheiterte. 1991 wurde die Europa-Universität Viadrina in der Innenstadt wiedergegründet. Frankfurt (Oder) versucht sich heute stärker als "europäische Begegnungsstadt" zu profilieren.

### Jüterbog
Die Kleinstadt Jüterbog hatte im Jahr 2003 ca. 13.000 Einwohner und liegt etwa 60 km südlich von Berlin. Jüterbog ist eine alte Ackerbürgerstadt, weist bis heute eine geringe Arbeitsplatzzentralität für die ländliche Re-

Abb. 6: Innenstadt Jüterbog (Foto: Tenz)

gion auf und ist überwiegend Wohngemeinde. Im 19. Jahrhundert war Jüterbog die wichtigste Garnisonsstadt Preußens. Die Konversion umfangreicher militärischer Liegenschaften (Altes Lager und Neues Lager) ist seit dem Abzug der sowjetischen Streitkräfte 1994 eine wichtige Herausforderung für die Stadtentwicklung. Seit der Wende hat Jüterbog 11,4 Prozent seiner Bevölkerung verloren. Bereits zur DDR-Zeit hatte Jüterbog einen anhaltenden Bevölkerungsverlust zu verzeichnen. Der mittelalterliche Stadtkern ist heute städtebaulich weitgehend saniert. Jüterbog profitiert inzwischen stärker von touristischen Entwicklungsimpulsen durch seine Lage an der im Jahr 2002 fertiggestellten Fläming-Skate-Bahn.

## *Luckenwalde*

Die Kreisstadt Luckenwalde hatte im Jahr 2003 rund 21.800 Einwohner und liegt ca. 50 km südlich von Berlin. Durch die Anbindung an die Eisenbahnstrecke Berlin-Leipzig ab 1841 entwickelte sich Luckenwalde zu einer kleinen Industriestadt mit stark diversifizierter Branchenstruktur

Abb. 7: Innenstadt Luckenwalde (Foto: Rietdorf)

(u.a. Hutfabrik, Metallwaren, Möbel, Klaviere). Nach der Wende erlebte die Stadt eine Deindustrialisierung, in deren Folge die Zahl der Arbeitsplätze von 10.700 auf 2.400 abnahm. Neben Neuruppin ist Luckenwalde die einzige Stadt des Städtekranzes, in der nach der Wende keine (Fach-)Hochschule angesiedelt wurde. Ein Hoffnungsträger für den wirtschaftlichen Strukturwandel der Stadt ist seit dem Jahr 1997 die Ansiedlung eines Biotechnologieparks auf dem Gelände eines früheren Kriegsgefangenlagers. Die Stadtpolitik legt heute weiterhin einen Schwerpunkt auf die Sport- und Freizeitförderung (u.a. Bau des Sport- und Freizeitbades Fläming-Therme, Nähe zur Fläming-Skate). Der historische Stadtkern weist erhebliche städtebauliche und funktionale Mängel auf und wurde auch deshalb als einziges Fördergebiet des Landes in die Gemeinschaftsinitiative Urban II aufgenommen. Der zentrale Fußgängerboulevard in der Innenstadt ist noch wenig belebt. Die sehr großflächigen Gründerzeitquartiere der Stadt bestehen bis heute z.T. aus Gemengelagen von Wohnen und Gewerbe. Seit der Wende hat Luckenwalde 16,9 Prozent seiner Einwohner verloren. Bereits zur DDR-Zeit zählte Luckenwalde zu den schrumpfenden Städten. Luckenwalde ist unter den Kommunen des Städtekranzes heute am stärksten von Wohnungsleerständen im innerstädtischen Altbaubestand betroffen.


*Neuruppin*

Die Fontanestadt Neuruppin hatte im Jahr 2003 ca. 31.400 Einwohner und liegt etwa 60 km nordwestlich von Berlin. Neuruppin hat sich als Kreis- und Verwaltungsstadt in der dünn besiedelten Region der Ostprignitz entwickelt. Als Geburtsstadt von Theodor Fontane (der Namenszusatz "Fontanestadt" wird seit 1998 offiziell verwendet) und Friedrich Schinkel, durch ihre planmäßig angelegte, klassizistische Altstadt sowie ihre landschaftliche Lage am Ruppiner See und dem Wald- und Seengebiet der "Ruppiner Schweiz" strahlt Neuruppin eine überregionale touristische Attraktivität aus. Die industrielle Erwerbsbasis der Stadt blieb im Laufe des 20. Jahrhunderts mit Ausnahme einzelner Werke relativ gering. Die Wirtschaftstruktur der Stadt wurde dagegen traditionell durch einen hohen Anteil der Verwaltung (u.a. Landgericht, Kreiskrankenhaus, Hauptzollamt) geprägt. Deshalb fiel hier der Strukturwandel nach der Wende weitaus geringer aus als in den anderen Städten. Neuruppin hat seitdem lediglich 7,6 Prozent seiner Ein-

Abb. 8: Marktplatz im Zentrum Neuruppin (Foto: Schütte)

wohner verloren. Heute sind die Stadt- und Landkreisverwaltungen, die Landesklinik, das Landgericht und die Staatsanwaltschaft sowie mehrere Landesbehörden die wichtigsten Arbeitgeber. Aufgrund eines differenzierten Schulangebotes war und ist Neuruppin heute ein wichtiges Ausbildungszentrum in der Region. Die Ansiedlung einer Fachhochschule ist bisher als ein strategisches Schlüsselprojekt der Stadt gescheitert.

# 2 Stand der Erforschung und Messung von Lebensqualität

Obwohl Lebensqualität als Ziel politischen Handelns auf den unterschiedlichen Ebenen seit Jahrzehnten formuliert und als wichtiger Standortfaktor von Städten und Regionen genannt wird, ist der Bedeutungsgehalt des Begriffs unbestimmt und die Art und Weise seiner Messung vielfältig. Im folgenden Kapitel wird ein kurzer Überblick über die Entwicklung des Begriffs und den Stand der Forschungen zur Lebensqualität gegeben. An eine Auffächerung der Aspekte von Lebensqualität und die Frage, was in diesem Zusammenhang städtische Lebensqualität ist, schließen sich Überlegungen zu ihrer Messbarkeit und eine Vorstellung ausgewählter Berichtssysteme zu diesem Thema an.

## 2.1 Wohlfahrt und Wohlstand als begriffliche Vorläufer von Lebensqualität

Als verwandter Begriff geht Wohlfahrt dem moderneren der Lebensqualität voraus. Als Ziel politischen und wirtschaftlichen Handelns taucht er mit der Industrialisierung auf und wird unter anderem in der französischen Revolution zum Postulat. Er bezeichnet aber nicht nur die Mehrung materieller Güter, sondern schließt bereits subjektives Wohlbefinden ein. In Amerika geht dieser Aspekt sogar als Glücksanspruch ("pursuit of happiness") in die Verfassung ein. Unter dem Eindruck der enorm gesteigerten Reichtumsproduktion und der Breitenverteilung von Konsumgütern, die mit dem System industrieller Massenproduktion und -konsumtion möglich wird, verlagert sich der Blickwinkel auch in Deutschland zunehmend auf die Steigerung des materiellen Wohlstandes. Paradigmatisch steht dafür nach dem Zweiten Weltkrieg die programmatische Schrift des ehemaligen Wirtschaftsministers Ludwig Erhard: "Wohlstand für alle".
 Die Erhöhung des Lebensstandards, definiert als das jeweils erreichte Niveau der Bedürfnisbefriedigung, wurde als Inbegriff gesellschaftlichen Fortschritts gesehen und bis in die 1960er Jahre blieb es das weitgehend unumstrittene Ziel der gesellschaftlichen Entwicklung (Noll 1999: 5). In den 1970er Jahren wurde vor dem Hintergrund zunehmender Krisenanfälligkeit des Wirtschaftssystems nicht mehr nur vereinzelt, sondern ver-

breitet Kritik laut am rein quantitativen Wachstum im Sinne einer Erhöhung des Bruttosozialprodukts und des materiellen Lebensstandards (Koch 1992: 5). Durch die Diskussion der "öffentlichen Armut bei privatem Reichtum" (Galbraith) und die Warnung vor den "Grenzen des Wachstums" (Meadows) gelangten auch seine sozialen und ökologischen Kosten zunehmend in den Blick. Die vierte internationale Arbeitstagung der IG Metall beispielsweise machte 1972 die Qualität des Lebens zur Aufgabe der Zukunft. Sie wandte sich gegen einseitig materiell ausgerichtetes Wachstumsdenken und zielte auf das Erreichen guter objektiver Lebensbedingungen verbunden mit subjektivem Wohlbefinden (Noll 1999: 4f.).

## 2.2 Objektive und subjektive Aspekte von Lebensqualität

Der Begriff Lebensqualität wird weniger als die Beschreibung eines Zustandes, sondern vielmehr als modernes und multidimensionales Wohlfahrtskonzept begriffen, das "sowohl materielle wie auch immaterielle, objektive und subjektive, individuelle und kollektive Wohlfahrtskomponenten gleichzeitig umfasst und das 'Besser' gegenüber dem 'Mehr' betont" (Noll 1999: 3).

Diese Sicht auf die subjektive Seite der Lebensqualität wurde inspiriert von der amerikanischen "Quality of Life"-Forschung, welche dort seit Ende der 1960er Jahre zwei Diskussionsrichtungen hervorbrachte, die sich später auch in Deutschland wiederfanden: die eine Richtung thematisiert den engen Zusammenhang von objektiven und subjektiven Aspekten der Lebensqualität, während die andere Lebensqualität ausschließlich als individuelles Empfinden ansieht. Hintergrund für diesen Streit ist die empirisch feststellbare Tatsache, dass sich die Entwicklung der objektiven Lebensbedingungen nicht unbedingt im Einklang mit deren subjektiver Wahrnehmung befinden muss. Das "subjektive Wohlbefinden" der Menschen nimmt nicht im selben Maße zu wie die Überwindung von materieller Not voranschreitet und der Wohlstand anwächst. Auch lässt sich im internationalen Vergleich nicht selten ein höheres Maß an Zufriedenheit in materiell relativ rückständigen Regionen feststellen.

Subjektives Wohlbefinden wird durch positive und negative Faktoren bestimmt: Unter den positiven finden sich affektive und kognitive. Erstere manifestieren sich als Freude und Glücksempfinden, während letztere Ergebnisse eines Bewertungsprozesses sind, für den jeder Mensch

Maßstäbe braucht. Die gewinnt er aus einem Vergleich des individuellen Zustands auf der horizontalen Ebene (ich/andere) oder auf der biografischen Zeitachse (früher/heute). Unter den Faktoren, die das Wohlbefinden negativ beeinflussen, werden Sorgen und Anomiesymptome subsumiert. Diese Sorgen und Ängste beziehen sich dabei auf verschiedene Lebensbereiche wie Arbeit, Wohnen, Gesundheit, Sicherheit usw.

Die subjektive Wahrnehmung der eigenen Lebensbedingungen wird durch Werteorientierungen, d.h. Auffassungen vom Guten und Wünschenswerten, bestimmt. Aus diesen subjektiven Werten ergeben sich Ansprüche und Erwartungen (Habich, Noll 2002: 453). Neue Bedürfnisse und Werthaltungen entstehen, wenn die Grundbedürfnisse befriedigt sind. Die Erwartungsspanne als "Differenz zwischen dem, was jemand in Zukunft für sich erwartet und seiner gegenwärtigen Lebenssituation" (Glatzer 1984: 242) beeinflusst die Zufriedenheit der Bürger. Die Diskrepanz zwischen der aktuellen Situation und dem, wie man es sich wünscht, wird bewertet (Schulz 2000: 8). Je größer die Erwartungsspanne, desto unzufriedener sind die Betroffenen. Die Höhe der Erwartungen hängt unter anderem vom Alter und Einkommen ab. Mit steigendem Alter verringern sich die Erwartungen, mit zunehmendem Einkommen nehmen die Erwartungen zu (Glatzer 1984: 241).

Das Anspruchs- und Erwartungsniveau ergibt sich durch den sozialen und zeitlichen Vergleich. Die eigenen Lebensbedingungen werden mit den Lebensbedingungen anderer Personen ähnlicher soziokultureller Merkmale und Lebensstile, aber auch anderer Personenkreise verglichen. Der soziale Vergleich mit Freunden und Bekannten oder dem durchschnittlichen Bundesbürger erhält bei der Entstehung von Zufriedenheit bzw. Unzufriedenheit eine große Bedeutung. Gleichzeitig werden die jetzigen Lebensbedingungen mit den vergangenen und künftig erwünschten ins Verhältnis gesetzt. Die Bewertung orientiert sich damit an der aktuellen Lebenssituation, der rückblickenden Einschätzung und den Zukunftserwartungen.

Habich und Noll beschreiben die umfassende Bewertung der Lebensverhältnisse wie folgt: "Im Rahmen dieser kognitiven Gesamtbilanz werden die eigenen Lebensumstände mit dem verglichen, was man sich wünscht, was man früher einmal hatte, was man in Zukunft für sich erhofft oder was relevante Bezugspersonen haben. Neben diesen vielschichtigen Vergleichen spielt auch die Wichtigkeit, die verschiedenen Lebensbereichen beigemessen wird, eine Rolle." (Habich; Noll 2002: 431).

Auch Easterlin beschreibt die konstitutive Rolle von Vergleichsprozessen. Er hat festgestellt, dass relative Verbesserungen oft wichtiger genommen werden als absolute und dass individuelle Verbesserungen wichtiger sind als kollektive. Nicht die absolute Höhe des Lebensniveaus bestimmt die Zufriedenheit, sondern die relative Position (Easterlin 1974). Ein überproportional steigender Zugewinn an Einkommen oder Kaufkraft erhöht die Zufriedenheit, während ein unterproportionaler Zugewinn die Zufriedenheit reduziert.

So steht zwar die subjektive Wahrnehmung in Beziehung zu den objektiven Lebensbedingungen, doch nicht immer entsprechen die Aussagen der Bevölkerung der anhand der Daten zu vermutenden Zufriedenheit. Gute Lebensbedingungen können durchaus negativ wahrgenommen werden, wie auch negative Lebensbedingungen positiv beurteilt werden können. Zapf spricht in diesen Fällen von einem Unzufriedenheitsdilemma bzw. einem Zufriedenheitsparadox (Zapf 1984: 25). Zur Erklärung von Inkongruenzen kann man aber auch die psychologische Theorie von der "kognitiven Dissonanz" heranziehen, nach der Individuen danach trachten, allzu starke Abweichungen eines Ist-Zustandes vom Erwünschten zu "beschönigen". Dieser Beobachtung zufolge werden allzu große Unzufriedenheiten durch Verdrängungsprozesse abgemildert (Festinger 1957).

## 2.3  Messbarkeit von Lebensqualität

Zur Messung der Lebensqualität gibt es zwei große Theorietraditionen: Die Objektivisten gehen von der Grundannahme aus, dass es identifizierbare Grundbedürfnisse gibt, deren Befriedigung das Wohlbefinden bestimmt. Die beobachtbaren Lebensverhältnisse können von Außenstehenden nach wissenschaftlichen bzw. moralischen Standards bewertet werden. In sozialdemokratischen Wohlfahrtsstaaten wie z.B. Schweden hat sich dieser Ansatz stärker durchgesetzt. Lebensqualität wurde als optimale Ausstattung mit materiellen Ressourcen verstanden.

Neben den Objektivisten, die sich auf die Lebensbedingungen als einzig politisch gestaltbaren und langfristig zu verbessernden Faktor fokussieren, etablierten sich die Subjektivisten, die die Wahrnehmung der Lebensverhältnisse in den Vordergrund rücken. In marktliberalen Staaten wie den Vereinigten Staaten hat sich die Auffassung entwickelt, dass der Erfolg des individuellen Glücksstrebens nur durch Aussagen der Betroffenen selbst beurteilt werden kann. Die amerikanische "Quality of Life"-Forschung ist der Auffassung, dass Lebensqualität im Zuge der gesellschaftlichen Entwicklung zunehmend durch immaterielle Werte bestimmt wird. Da Glück, Zufriedenheit und Ängste aber nur durch die Bürger selbst beurteilt werden können, muss auch die Messung der Lebensqualität durch deren Befragung erfolgen.

Der eher sozialpolitische skandinavische und der eher sozialpsychologisch geprägte amerikanische Ansatz bilden lediglich die zwei Pole innerhalb der unterschiedlichen Theorietraditionen, die ein breites Spektrum an Konzepten zur Lebensqualität hervor gebracht haben. Mittlerweile erfährt in der deutschen Wohlfahrtsforschung die Kombination objektiver und subjektiver Indikatoren zur Messung der Lebensqualität breite Akzeptanz. Dementsprechend werden heutzutage auch die Komponenten von objektiven Lebensbedingungen und subjektivem Wohlbefinden weitgehend kombiniert, obgleich es noch immer keine eindeutige Definition für den Begriff Lebensqualität gibt (Christoph 2002: 442).

Da Lebensqualität nicht direkt messbar ist, muss auf objektive Indikatoren und subjektive Einschätzungen von Befragten zurückgegriffen werden. Durch Indikatoren wird jedoch die Komplexität der Lebensqualität auf wenige Ausschnitte und Meinungen reduziert. Auch Hill stellt fest, dass man die Komplexität des Begriffes nicht mit wenigen Zahlen und Aussagen erfassen könne: "... the world is far too complex to be dealt with by indicators ..." (Hill 2002: 30). Man kann sich nur bemühen, anhand der Erfassung einer breiten Palette von Aspekten ein möglichst weites Feld von Lebensbereichen abzudecken. So gesellt sich neben die Diskussion um das Konzept Lebensqualität die Diskussion um eine adäquate Operationalisierung des Begriffs mittels Sozialindikatoren (Noll 1999: 5).

Objektive Kriterien können dabei durchaus "von außen", also durch wissenschaftliche Experten definiert und gemessen werden. Subjektive Einschätzungen der Lage hingegen können letztlich nur bei den Betroffenen selbst erhoben werden. Bei den objektiven Elementen stellt sich damit die Frage, ob die ausgewählten Indikatoren die wichtigsten Bestimmungsfaktoren treffen und ob sie halbwegs vollständig sind. Bei der Erhebung subjektiver Einschätzungen müssen ebenfalls die relevanten Fragen gestellt und es muss eine möglichst repräsentative Auswahl von Personen befragt werden. Zudem müssen die Instrumente flexibel genug sein, die Dynamik der Prozesse zu erfassen.

Praktisch zur Anwendung kommen die Konzepte zur Erfassung von Lebensqualität zum Beispiel im Wohlfahrtssurvey[3], dem Euromodul, dem Sozioökonomischen Panel (SOEP)[4] und der Allgemeinen Bevölkerungsumfrage der Sozialwissenschaften (ALLBUS)[5]. Die repräsentativen Studien des Wohlfahrtssurvey, das seit 1978 regelmäßig durch das Wissenschaftszentrum Berlin für Sozialforschung und das Zentrum für Umfragen, Methoden und Analysen erhoben wird, sind darauf ausgelegt, für verschiedene Lebensbereiche Dimensionen der objektiven Lebensbedingungen und des subjektiven Wohlbefindens mit geeigneten Indikatoren im Trendverlauf zu beobachten und zu analysieren. Sie untersuchen die Wohlfahrtsentwicklung im deutsch-deutschen und europäischen Vergleich. Darüber hinaus gibt es seit 1984 eine repräsentative Längsschnitterhebung zur empirischen Beobachtung des sozialen Wandels. Das Sozioökonomische Panel (SOEP) wird jährlich durch das Deutsche Institut für Wirtschaftsforschung erhoben. Ziel dieser Erhebung ist die Bereitstellung von in erster Linie sozioökonomischen Informationen über Veränderungen im Zeitverlauf auf der Ebene von Individuen und Haushalten. Das Zentrum für Umfragen, Methoden und Analysen erhebt seit 1980 in einem Zweijahresturnus Informationen zu den Bereichen Sozialstruktur und Sozialbeziehungen, allgemeine Werte und Grundeinstellungen wie auch zur Legitimität der sozialen und politischen Ordnung. Die Daten dieser ALLBUS-Umfrage werden durch das Zentralarchiv für empirische Sozialforschung aufbereitet und archiviert (Habich, Noll 2002: 427ff.).

Seit rund 15 Jahren liegt ein Augenmerk der Forschung auf der Beobachtung von Angleichungsprozessen der Lebensbedingungen in Ost und West. Die Einschätzung der Lebensqualität verharrt in den neuen Bundesländern nach einer kurzen Episode des Aufholens auf niedrigerem Niveau. Hatten sich nach der Wende die Lebensbedingungen und damit auch das subjektive Wohlbefinden der Bevölkerung in den ostdeutschen

---

3  WZB/ZUMA, mündlich-persönliche Befragung. Grundgesamtheit: Alle Personen der deutschen Wohnbevölkerung, Fallzahl: ca. 2.000 Personen West, ca. 1.000 Ost

4  DIW, repräsentative Längsschnittuntersuchung, Fallzahl ca. 12.000 Personen West, 4.500 Ost

5  ZUMA/Zentralarchiv für empirische Sozialforschung, erwachsene Wohnbevölkerung 2.400 Personen West, 1.100 Ost

Bundesländern zunächst schnell verbessert, so sank in der zweiten Hälfte der 1990er Jahre mit nachlassender Dynamik der Wirtschaftsentwicklung auch die Zufriedenheit der Bevölkerung. Obgleich es während der 1990er Jahre zu einer Annäherung der Werte zwischen Ost- und Westdeutschland kam, nahm die Differenz zwischen den zufriedeneren West- und den unzufriedeneren Ostdeutschen seit 1998 wieder zu. Die Ostdeutschen sind in nahezu allen Lebensbereichen weniger zufrieden als die Bürger der alten Bundesländer. Eine Ausnahme bilden die Kinderbetreuung sowie die Schul- und Berufsausbildung (Habich, Noll 2002: 433; Christoph 2002: 13). Vor allem waren die Zukunftserwartungen zu Beginn der 1990er Jahre deutlich höher als heute.

## 2.4 Städtische Lebensqualität

Durch die Ausrichtung der Forschung auf die Angleichung von Lebensbedingungen in Ost und West kamen stärker regional ausgerichtete Gesichtspunkte in die Debatte. Lokale Aspekte wurden zusätzlich durch die Agenda-21-Initiativen im Gefolge der Diskussion um nachhaltige Entwicklung gestärkt und die Beobachtung von Lebensbedingungen im Zeitverlauf anhand von lokalen und regionalen Indikatoren gewann auch durch die Diskussion um die räumlichen Segregationsprozesse in Städten und Regionen an Bedeutung. Im Zuge der Globalisierung, aber auch angesichts zunehmender nationaler Disparitäten, setzt sich zunehmend eine Konkurrenz der Städte und Regionen durch. Einige lokale oder regionalbezogene Indikatoren tauchen in diesem Zusammenhang als "weiche" Standortfaktoren auf.

Was unter städtischer Lebensqualität zu verstehen ist, entzieht sich einer verbindlichen Definition noch mehr als der Begriff der Lebensqualität allgemein. So ließe sich zwar bei einer entsprechend kleinräumigen Auswertung aus einer (ausreichend breit angelegten) Forschung auf nationaler Ebene die Lebensqualität in einer bestimmten (und ausreichend großen) Stadt herausdestillieren. Aber der Fokus liegt bei der Untersuchung städtischer Lebensqualität eher auf den spezifischen Bedingungen, die das Leben in einer bestimmten Stadt ausmachen. Einige Faktoren wie Arbeit, Wohnen, Versorgung werden dadurch stärker in den Vordergrund gehoben, andere wie persönliche und gesundheitliche Verhältnisse sind weniger relevant. Wir definieren den Untersuchungsgegenstand wie folgt:

Städtische Lebensqualität ist einerseits durch die objektiven Lebensbedingungen in der Stadt, andererseits durch das subjektive Wohlbefinden der Bewohner im Hinblick auf die städtischen Lebensbereiche Arbeiten, Bildung, Wohnen, Erscheinungsbild, Sicherheit, Freizeit und Erholung, Versorgung, Mobilität und Partizipation gekennzeichnet.

Es gibt internationale Studien wie das Urban Audit der EU, das die Lebensqualität in 58 europäischen Großstädten statistisch misst, als auch private Untersuchungen wie das Programm Kompass der Bertelsmann Stiftung. Dieses untersucht die Lebensqualität in acht Modellstädten anhand von objektiven und subjektiven Indikatoren. Die internationale Mercer Quality of Life Studie der Genfer Mercer Human Resource Consulting erstellt eine Rangliste von 215 Städten auf der ganzen Welt.

Der Lebensqualität-Atlas misst und gewichtet objektive Lebensbedingungen in kreisfreien Städten und Landkreisen Deutschlands. Die Untersuchung des Lebensqualität-Atlasses Deutschland ermittelt einen Gesamtindex, der für das Gebiet der alten und neuen Bundesländer die Lebensqualität in den Städten und Landkreisen ausdrückt. Tübingen ist nach dieser Studie die Stadt mit der höchsten Lebensqualität, gefolgt von Bonn und Münster. Von den neuen Bundesländern schneidet Rostock am besten ab; erhält aber dennoch auf der Rangliste nur Platz 68. Die letzten Plätze belegen brandenburgische Landkreise. Die Stadt Angermünde ist Schlusslicht der 543 zu vergebenen Plätze. Auch der Landkreis Forst und der frühere Kreis Brandenburg liegen weit abgeschlagen (Korczak 1995: 159ff.).

Die Lebensbedingungen aus Bürgersicht untersucht auf nationaler Ebene das Bundesamt für Bauwesen und Raumordnung (BBR 2003b). Dessen Umfrage, in der schwerpunktmäßig räumliche Faktoren thematisiert werden, zeigt, dass die Prioritätenmuster hinsichtlich der Wichtigkeit von Lebensbedingungen in West und Ost grundsätzlich ähnlich sind. Der Schutz vor Kriminalität, die Sicherheit im Straßenverkehr und eine ruhige Wohnlage haben in Ost wie West Priorität. Im Osten folgen die Arbeits- und Verdienstmöglichkeiten, die Versorgung mit Ausbildungsplätzen sowie Parks und Grünanlagen. Wichtig sind ferner die Zusammensetzung der Nachbarschaft und die Attraktivität der Innenstadt. Im Westen werden dagegen stärker die Einkaufsmöglichkeiten, die Zusammensetzung der Nachbarschaft sowie die Versorgung mit ÖPNV priorisiert.

Auch Arbeitsplätze und Verdienstmöglichkeiten, Stellplätze für PKW und die Versorgung mit Parks und Grünanlagen werden häufiger genannt. In Ost und West sind die Befragten besonders zufrieden mit der Zusammensetzung der Nachbarschaft, den Einkaufsmöglichkeiten, der ruhigen Wohnlage wie auch der Versorgung mit ÖPNV. Einzelne Lebensbedingungen unterscheiden sich jedoch deutlich zwischen den beiden Teilen Deutschlands: Beispielsweise sind die Ostdeutschen beim Schutz vor Kriminalität und den Arbeits- und Verdienstmöglichkeiten wesentlich unzufriedener. Aus dem Stellenwert der Bereiche und der jeweiligen Zufriedenheit ergibt sich ein Bild der subjektiven Defizite. Die größten liegen im Osten wie im Westen bei den wirtschaftlichen Aspekten, aber auch bei öffentlicher Sicherheit und der Ausstattung mit Jugendfreizeiteinrichtungen. Die Ostdeutschen sind in nahezu allen Bereichen weniger zufrieden als die Bürger der alten Bundesländer (BBR 2003b: 42f.).

Diese Befunde werden durch die Ergebnisse der deutschlandweiten Onlinebefragung "Perspektive Deutschland" bestätigt, die seit 2002 jährlich von McKinsey, ZDF und AOL durchgeführt wird.[6] Insgesamt sehen die Befragten ihre Zukunft deutlich pessimistischer als ihre gegenwärtige Situation. Allerdings glaubte man in den Ergebnissen der jüngsten Umfrage eine leichte Besserung der Stimmung im Osten erkennen zu können. Tatsächlich schneiden die neuen Länder hinsichtlich des Freizeitwertes (nordöstliche und östlichen Regionen des Landes) und der Einschätzung des ÖPNV relativ positiv ab, jedoch bleiben die allgemeine Zufriedenheit am Wohnort und die Zukunftserwartungen deutlich unterdurchschnittlich (www.perspektive-deutschland.de, September 2005).

## 2.5 Neue Anforderungen an die kommunale Berichterstattung

Messungen auf lokaler Ebene wurden stark befördert durch die Initiativen für nachhaltige Entwicklung wie zum Beispiel die dritte europäische Konferenz über zukunftsbeständige Städte und Gemeinden, zu der ein erstes Indikatorenset vorgelegt wurde. Fünf Basisindikatoren wurde mittels der Zufriedenheit der Bürger mit verschiedenen Aspekten der Entwicklung ihrer Gemeinde gebildet. Weitere Ansätze zur Messung von

---

6 Teilnahme 2005: mehr als 510.000 Personen

Indikatoren wurden auf Länderebene[7], durch Städtenetze oder auf Initiative von Stiftungen realisiert. So entwickelte die Deutsche Umwelthilfe e.v. in Zusammenarbeit mit verschiedenen Umweltagenturen und mit 20 Modellkommunen in Deutschland ein System von 38 Standardindikatoren aus den Bereichen Wohlbefinden, soziale Gerechtigkeit, Umweltqualität und Ressourceneffizienz sowie wirtschaftliche Effizienz. Auch die Kommunale Gemeinschaftsstelle (KGSt), die Forschungsstätte der Evangelischen Studiengemeinschaft (FEST) und B.A.U.M. Consult haben Indikatoren- und Kennzahlensysteme zur Lokalen Agenda 21 für einen interkommunalen Vergleich erarbeitet (Hill 2002: 33f., 40).

Es stellte sich allerdings bei der Anwendung einiger ambitionierter Indikatorensysteme heraus, dass die Datenlage der Kommunen für die Umsetzung nicht ausreichend war (Hill 2002: 34). Um die konkurrierenden Indikatorensysteme abzustimmen und für einen interkommunalen Vergleich besser einsetzen zu können, hat eine Arbeitsgruppe daraufhin in den Jahren 2002 und 2003 einen Satz von 20 Basisindikatoren zu den drei Nachhaltigkeitsdimensionen Ökologie, Ökonomie und Gesellschaft vorgelegt. Bei einer Auswertung der Umsetzung stellt FEST heraus, "dass Nachhaltigkeitsindikatoren bisher nur unzureichend in der Öffentlichkeit thematisiert werden. [...] In der Regel wird der Nachhaltigkeitsbericht nur von einer kleinen interessierten Minderheit überhaupt wahrgenommen und kommuniziert." (Teichert 2005).

Inzwischen sieht sich die kommunale Berichterstattung mit zunehmenden Anforderungen auch aus anderen Politikfeldern konfrontiert. Hill beispielsweise beobachtet bei der Umsetzung des Neuen Steuerungsmodells eine Verlagerung des Fokus von der Binnenmodernisierung des Verwaltungshandelns auf die Erfassung seiner Wirkungen (Hill 2002: 47). Im Bildungs-, Gesundheits- und sozialen Sektor werden zunehmend indikatorengestützte Evaluierungsverfahren und Verfahren zur Wirkungsmessung eingesetzt. Im Land Brandenburg lässt sich dies ebenso wie in den anderen neuen Bundesländern an den Bestrebungen ablesen, ein Monitoring für die Umsetzung des Programms Stadtumbau Ost einzuführen. Auch für Programme zur Stabilisierung von besonders stark belasteten

---

7   unter anderem Nordrhein-Westfalen und Hessen

Stadtteilen gibt es entsprechende Ansätze (vgl. Senatsverwaltung für Stadtentwicklung (1999, 2001, 2003) Stadtmonitoring Soziale Stadt, Berlin). Gleichzeitig lässt sich das Bestreben beobachten, die häufig unkoordiniert arbeitende Ressortpolitik zumindest auf kommunaler Ebene raumbezogen zu integrieren. Von der Stadtentwicklungspolitik gehen seit den 1990er Jahren hierzu vermehrt Impulse aus, sei es in Form der Integrierten Handlungskonzepte in den rund 250 Kommunen, die am Programm Soziale Stadt teilnehmen, oder in Gestalt der Integrierten Stadtentwicklungskonzepte, die die Prozesse des Stadtumbaus in Bahnen leiten sollen, die von allen betroffenen Fachverwaltungen getragen und mitverantwortet werden. Lokale Berichtssysteme werden dieser Entwicklung folgen und ihre fachpolitische Spezifik zugunsten eines weitgehend integrierten Messinstrumentes aufgeben müssen. Dies ist nicht nur sinnvoll, weil Wirkungsmessung der Komplexität von Verwaltungshandeln auf den unterschiedlichen Feldern gerecht werden muss, sondern auch aus dem ganz pragmatischen Grund: ohne eine sinnvolle Integration der Instrumente sind die Kommunen mit den vielfältigen Aufgaben schlichtweg überfordert.

# 3   Methodische Ergebnisse

Im Vordergrund des Forschungsvorhabens stand die Erprobung des Indikatorensystems zur Messung von Lebensqualität in Klein- und Mittelstädten unter methodischem Aspekt. Es sollte dabei den Fragen nachgegangen werden, welche Indikatoren sich im Anwendungsprozess bewähren, ob die Methode einer Onlinebefragung ein geeignetes Instrument darstellt, um die subjektive Seite der Lebensqualität einzufangen und ob schließlich ein der Delphi-Methode entlehntes Verfahren der Expertenbefragung die Interpretation der Ergebnisse erleichtert.

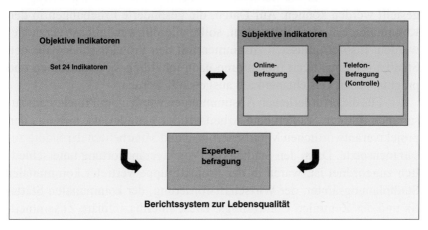

Abb. 9: Methodische Bausteine

## 3.1  Ausgangsbedingungen für die Messung von Lebensqualität in Klein- und Mittelstädten

Ein wichtiges Ziel bei der Erarbeitung des Monitoringsystems zur Beobachtung der Lebensqualität in den sieben Klein- und Mittelstädten bestand darin, ein leicht anwendbares und kostengünstiges Verfahren zu entwickeln, bei dessen Handhabung man möglichst mit den vorhandenen personellen Kapazitäten auskommen kann. Diese sind in den kleinen und mittleren Städten eher bescheiden: Zwar verfügen die größeren Städte

Frankfurt (Oder), Cottbus und Brandenburg an der Havel über Statistikstellen oder auch über ein Zentrales Controlling, aber z.B. ist die Statistikstelle im mittelgroßen Eberswalde nur mit einem Mitarbeiter ausgestattet. In den kleinen Städten werden die entsprechenden Aufgaben in der Regel durch Beschäftigte erledigt, die daneben weitere Aufgabenfelder zu bearbeiten haben. In Luckenwalde, Jüterbog und in Neuruppin sind dies die Bau- oder Planungsämter.

Neben den personellen Beschränkungen war beim Design des Monitoringsystems auch zu beachten, dass längst nicht alle wünschenswerten Daten vom Landesbetrieb für Statistik so kleinräumig aufbereitet werden, dass sie für die Gebietseinheit der kleinen Städte zur Verfügung gestellt werden können. Auf Daten, die gesonderte Erhebungen in den Kommunen erforderlich machen, sollte allerdings möglichst verzichtet werden. Insofern mussten zusammen mit den Projektpartnern aus den Städten die objektiven Indikatoren nach inhaltlich-systematischen und pragmatischen Gesichtspunkten ausgewählt werden.

Für die erforderlichen Abstimmungen wurde vom Projektteam zusammen mit den Städten eine Arbeitsgruppe gebildet, die sich aus den projektverantwortlichen Mitarbeiterinnen und Mitarbeitern der Städte zusammensetzte. Da in den Städten die Projektverantwortung unterschiedlich zugeordnet ist, waren in der Projektgruppe Vertreter kommunaler Stadtplanungsämter, der Wirtschaftsförderung, der kommunalen Statistik und des Zentralen Controllings. Diese interdisziplinäre Zusammensetzung war angesichts des ressortübergreifenden Ansatzes des Berichtssystems sehr förderlich. Die Arbeitsgruppe tagte siebenmal in der Zeit zwischen Januar 2003 und Juni 2005.[8] Personell blieben die Verantwortlichen während des gesamten Zeitraums bis auf eine Person konstant, was die Abstimmungsprozesse sehr erleichterte.

Zunächst wurden zusammen mit den kommunalen Partnern die Bereiche abgestimmt, die als wesentlich für städtische Lebensqualität erachtet wurden. Man einigte sich auf folgende Bereiche:
· Bevölkerungsentwicklung,
· Wohnen,

---

8   Protokolle der Sitzungen vom 15.01.2003 in Frankfurt (Oder), 12.06.2003 in
    Jüterbog, 08.09.2003 in Neuruppin, 15.01.2004 in Luckenwalde, 17.06.2004 in
    Brandenburg an der Havel, 24.02.2005 in Eberwalde, 16.06.2005 in Cottbus.

- Bauen,
- Arbeit und Wirtschaft,
- Bildung und Ausbildung,
- Freizeit und Erholung,
- Versorgung,
- Mobilität,
- öffentliche Sicherheit und
- Partizipation.

In den folgenden Monaten wurden für diese Bereiche die Indikatoren festgelegt und jeweils getestet, ob sie in allen Kommunen praktikabel waren. Ein wichtiges Kriterium für die Festlegung der einzelnen Indikatoren war ihre Handlungsrelevanz für die Lokalpolitik. Die Indikatoren sollten weniger zweckfreie Erkenntnisse über die Stadt liefern, sondern sich nach Möglichkeit auf politische Ziele und Handlungsprogramme in den Städten beziehen. Um eine mögliche spätere Übertragbarkeit des Berichtssystems zu gewährleisten, galt es einen Kompromiss zwischen lokalspezifischen und allgemeinen Zielen der Stadtentwicklung zu finden.

## 3.2 Das Set "objektiver" Indikatoren

In einem längeren Abstimmungsprozess wurden für alle Bereiche städtischer Lebensqualität Indikatoren ausgewählt und schrittweise erprobt. In einigen Fällen stellte es sich im Verlauf der praktischen Anwendung heraus, dass die zunächst gewünschten Daten nicht zu erhalten waren, so dass auf andere Indikatoren ausgewichen werden musste. Für andere Indikatoren wie Brachflächen und ihre Nachnutzung sowie Ausbildungsverhältnisse im ersten Lehrjahr traf dies zwar auch zu, sie wurden aber nicht eliminiert, weil für die Zukunft mit dem Aufbau von Flächenkatastern oder entsprechenden Erhebungen auf kommunaler Ebene gerechnet wird.

Für einige Bereiche standen keine oder nur sehr wenig aussagekräftige Daten zur Verfügung. Das traf für den Modal Split, für Lärmemissionen und Siedlungsabfälle zu, die deshalb nicht aufgenommen wurden. Insbesondere für die Bereiche Freizeit und Erholung sowie Versorgung fiel es schwer, geeignete Indikatoren zu benennen. Diskutiert wurde die Zahl der Feste, die in der Stadt stattfinden, doch warf ihre Definition und Erfassung unlösbare Probleme auf. Der Anteil der Siedlungs-,

Wald- und Wasserflächen wurde aufgrund regional unterschiedlicher Erfassungsmethoden verworfen. Das Merkmal weist zudem ebenso wie die Qualität der Oberflächengewässer auch eine zu geringe Dynamik auf. Die Einzelhandelsfläche pro Einwohner nimmt in den neuen Ländern in einem Maße zu, dass dies nicht mehr als Ausdruck wachsender Lebensqualität gewertet werden kann. Für eine Messung der Versorgungsqualität stand im Ergebnis nur ein Indikator zur Verfügung.

In wieder anderen Fällen mussten die gewählten Indikatoren auf Schätzwerten wie beispielsweise im Falle der Wohnungsleerstände basieren oder sie erfassten nur einen Ausschnitt der Realität, wie im Falle der Nettokaltmieten, wo sich die Daten auf die Angaben aus dem jeweils größten kommunalen Wohnungsunternehmen beschränken. Trotz dieser Einschränkungen wurden diese Indikatoren als unabdingbar und auch verwendbar eingeschätzt, da insbesondere die zeitliche Entwicklung für Trendaussagen von hohem Interesse ist.

Stellte es sich in der Praxis heraus, dass bestimmte Indikatoren nicht oder nur mit unverhältnismäßig hohem Aufwand mit Daten zu untersetzen waren, wurden sie durch leichter handhabbare ersetzt oder fielen weg. Um ein einheitliches Bild zu erzielen, aber zugleich den Arbeitsaufwand möglichst niedrig zu halten, wurden auch Anpassungen hinsichtlich der Bezugsgrößen oder bei der Klassenbildung vorgenommen. Zur begrifflichen Klärung verständigte man sich auf gemeinsame Definitionen und hielt diese schriftlich fest.

Am Ende dieses Abstimmungsprozesses stand ein Indikatorenset, das grundsätzlich für alle beteiligten Städte handhabbar war. Allerdings hat es sich gezeigt, dass es für einzelne Städte aus ganz unterschiedlichen Gründen trotzdem immer wieder Schwierigkeiten bereitete, bestimmte Daten zu liefern. Der Grund dafür liegt darin, dass sie von den örtlichen Kooperationspartnern bei den auf kommunaler Ebene jeweils Verantwortlichen einzeln abgefragt werden müssen und nicht von vornherein "gebündelt" vorhanden sind. So sind eine Reihe wichtiger Daten nur beim Schulamt oder beim Arbeitsamt (jetzt: Arbeitsagentur) verfügbar. Da der Trend eher zur verstärkten Dezentralisierung der Datenverwaltung auf kommunaler Ebene geht, wird sich hieran auch in absehbarer Zeit nichts ändern. Diese nicht unerheblichen methodischen Schwierigkeiten sind einmal mehr Ausdruck einer grundsätzlich schwach entwickelten deutschen Kommunalstatistik. Folgende Indikatoren wurden schließlich in den

**Bevölkerungsentwicklung**

1. Einwohnerzahl
2. Altersgruppen (Gliederung in 0-15/16-25/26-35/36-64/65 und mehr)
3. Wanderungsbewegungen
   3.1. Zuzüge je 1.000 Einwohner
   3.2. Fortzüge je 1.000 Einwohner
   3.3. Fortzüge ins Land Brandenburg je 1.000 Einwohner
   3.4. Fortzüge in andere Bundesländer je 1.000 Einwohner
   3.5. Wanderungssaldo je 1.000 Einwohner

**Wohnen**

4. Wohnfläche in bewohnten Wohnungen in Wohngebäuden in Quadratmeter pro Person
5. Durchschnittliche Nettokaltmiete einer vollsanierten Plattenbauwohnung des größten kommunalen Wohnungsunternehmens in Euro je Quadratmeter
6. Anteil der Wohneinheiten in Ein- und Zweifamilienhäuser am Gesamtwohnungsbestand
7. Leerstandsquote in Wohnungen

**Bauen**

8. Anzahl der Wohneinheiten der Baufertigstellungen im Wohnungsneubau
9. Brachflächennachnutzung
   9.1. Anzahl der brachgefallenen Flächen
   9.2. Größe der brachgefallenen Flächen in Hektar
   9.3. Anzahl der nachgenutzten Brachflächen
   9.4. Größe der nachgenutzten Brachflächen in Hektar

**Arbeit und Wirtschaft**

10. Arbeitslosenrate (bezogen auf 100 Einwohner im erwerbsfähigen Alter zwischen 16 und 64 Jahren)
11. Sozialversicherungspflichtig Beschäftigte
   11.1. Sozialversicherungspflichtig Beschäftigte nach Wohnort
   11.2. Sozialversicherungspflichtig Beschäftigte nach Arbeitsort
12. Pendleraufkommen
   12.1. Zahl der Einpendler
   12.2. Zahl der Auspendler
   12.3. Pendlersaldo
13. Zahl der Sozialhilfeempfänger je 1.000 Einwohner
14. Steueraufkommen in Euro je 1.000 Einwohner
   14.1. Realsteueraufkommen (Grund- und Gewerbesteuer) je 1.000 Einwohner
   14.2. Umsatz- und Einkommensteueraufkommen je 1.000 Einwohner

**Bildung und Ausbildung**

15. Anzahl der abgeschlossenen Ausbildungsverhältnisse im ersten Lehrjahr der IHK und HWK je 1.000 Einwohner zwischen 16 und 25 Jahren
16. Anteil der Schulabgänger
   16.1. ohne Schulabschluss je 100 Abgänger
   16.2. mit Abitur je 100 Abgänger

**Freizeit und Erholung**

17. Kommunale Ausgaben für Kultur und Sport je 1.000 Einwohner
18. Qualität der Luftgüte

**Versorgung**

19. Anteil der Anbieter überwiegend regionaler Nahrungsmittel auf dem Wochenmarkt

**Mobilität**

20. Länge öffentlicher Radwege in Meter je Quadratkilometer Siedlungs- und Verkehrsfläche
21. PKW-Dichte je 1.000 Einwohner

**öffentliche Sicherheit**

22. Bekannt gewordene Straftaten je 1.000 Einwohner

**Partizipation**

23. Wahlbeteiligung bei Kommunalwahlen
24. Anteil der Frauen im Kommunalparlament

Abb. 10: Set objektiver Indikatoren zum Monitoring Lebensqualität

Datensatz aufgenommen: Die Aufnahme der Indikatoren in das Datenset war in einigen Fällen stärker theoretisch begründet und gehorchte in anderen stärker der Verfügbarkeit.

Die Daten zur *Bevölkerungsentwicklung* wurden aufgenommen, weil die Veränderungen der Alterstruktur etwas über die Ausgewogenheit der demografischen Entwicklung aussagen. Diese wird insbesondere in den kommenden Jahren für die Städte und Regionen eine relevante Größe, wenn der Anteil alter Menschen proportional stark zunehmen und die Zahl junger und erwerbsfähiger Menschen abnehmen wird. Die *Wanderungsbewegungen* sagen indirekt etwas über die Lebensqualität der Städte und der Regionen aus, da ein Abwandern aus der Region zunehmend aufgrund fehlender Arbeits- oder Ausbildungsmöglichkeiten erfolgt und eine Randwanderung aus der Stadt heraus ein Hinweis auf Defizite des Wohnungsmarktes sein kann.

Die Grundlage jeglicher Lebensqualität ist eine wirtschaftliche Erwerbsbasis, die möglichst allen Bewohnern die materiellen Voraussetzungen für ein würdevolles Leben sichert. Dazu gehört die Möglichkeit, einer geregelten Arbeit nachzugehen oder die Chancen zu erwerben, sein Leben durch Erwerbsarbeit eigenständig zu bestreiten. Das heißt, in der betreffenden Region (nicht unbedingt der Stadt selbst) müssen ausreichend Arbeitsmöglichkeiten vorhanden sein. Je mehr die Stadt selbst zu bieten hat, umso höher die Lebensqualität. Diese komplexe Anforderung lässt sich allerdings nur anhand weniger Indikatoren abbilden: Die *Arbeitslosenrate* gibt an, wie viele Menschen keine Arbeit haben und sich um eine Arbeitsmöglichkeit bemühen. Unbeachtet bleiben jene, die keine Leistungen beziehen und keine Arbeit über die Arbeitsagentur suchen, die tatsächliche Arbeitslosigkeit wird also teilweise erheblich höher liegen. Die *Zahl der sozialversicherungspflichtig Beschäftigten* am Wohnort gibt an, wie viele Menschen in der Stadt wohnen und sozialversicherungspflichtig beschäftigt sind (ohne Selbstständige und Beamte). Dieser Indikator ist für Vergleiche im Zeitverlauf relevant und lässt bei einem Vergleich mit der Entwicklung der Arbeitslosenrate Schlüsse auf verdeckte Formen der Arbeitslosigkeit zu. Die Zahl der sozialversicherungspflichtig Beschäftigten am Arbeitsort ist ein Maß für die lokale Wirtschaftskraft und auch eher für den Zeitvergleich geeignet. Die *Pendlerzahlen* sagen ebenfalls etwas über die Wirtschaftskraft der Stadt aus, viele Einpendler können aber auch darauf hindeuten, dass viele ökonomisch Aktive aus der Stadt ins Umland gezogen sind.

Daneben stellt die *Zahl der Sozialhilfeempfänger* je 1.000 Einwohner einen klassischen Armutsindikator dar. Durch die Umstellung der Leistungssysteme im Jahr 2005 werden Langzeitvergleiche in Zukunft erschwert. Bildung und Ausbildung sind ganz entscheidend für die Lebenschancen der Menschen in einer Region. Wenn die nachwachsende Generation nicht die Möglichkeit hat, sich zukunftsgerecht auszubilden, wird ihre Lebensqualität mit Sicherheit sinken. Die Ausbildungsplatzsituation in Deutschland ist allgemein angespannt, in den neuen Bundesländern fehlen ausbildungsfähige Handwerksbetriebe. Insofern sollten die Städte bestrebt sein, für ausreichend Lehrstellen zu sorgen, aber auch auf möglichst wenig Abgänger ohne Abschluss und möglichst viele Sekundarstufe II-Abschlüsse hinwirken. Hier eröffnet sich ein Feld für selbstgesetzte Ziele und ein Monitoring auf kommunaler Ebene. Ganz entscheidend in den neuen Bundesländern ist auch die Möglichkeit einer Anpassung der Qualifikationen der heute Erwerbsfähigen an die Anforderungen, die der strukturelle Wandel des Arbeitsmarktes stellt. Daher sind ausreichend Weiterbildungsmöglichkeiten ebenfalls dringend vonnöten.

Als Indikatoren wurde die Zahl der *Ausbildungsverhältnisse im ersten Lehrjahr* pro 1.000 Einwohner im erwerbsfähigen Alter gewählt. Diese Zahl sagt zwar nichts über die Qualität der Ausbildungsplätze, ist aber ein Indikator für den Versorgungsgrad und insofern für ein Monitoring geeignet. Der *Anteil der Schulabgänger* ohne Abschluss zeigt Trends auf und macht Vergleiche möglich. Dasselbe gilt für die Absolventen mit Abitur. Als Gütekriterium für die Ausbildung ist die Zahl problematisch, wenn die Standards gesenkt werden, um "gute" Zahlen zu schreiben. Zu den lokalen Weiterbildungsmöglichkeiten konnte kein geeigneter Indikator gefunden werden.

Neben der Möglichkeit, sich einen angemessenen Lebensunterhalt durch Erwerbsarbeit verdienen zu können, kommt dem Wohnen eine ganz elementare Bedeutung für die Lebensqualität zu. Als Indikator steht einmal die Entwicklung der durchschnittlichen *Wohnfläche pro Person* zur Verfügung. Dieser Durchschnittswert bildet gut den allgemeinen Trend ab, kann aber in Städten mit hoher Eigentumsquote unter Umständen soziale Ungleichheiten verdecken. Hinter dem durchschnittlichen Wohnflächenanstieg können sich große Disparitäten verbergen, denn trotz stetig steigendem durchschnittlichen Wohnraumkonsum in Deutschland gibt es nach wie vor Familien, die in überbelegten Wohnungen leben. Hierbei handelt es sich vor allem um Haushalte mit Migrationshintergrund und um kinderreiche Familien. Hinsichtlich der Wohnkostenentwicklung kann nur auf Angaben der kommunalen Wohnungsgesellschaft zur *Miethöhe in sanierten Platten- bauwohnungen* zurückgegriffen werden, da es kontinuierliche Messungen der Mietpreisentwicklung in Klein- und Mittelstädten in der Regel nicht gibt. Hierin liegt eine starke Verengung des Blickwinkels auf ein, noch dazu von Überangeboten gekennzeichnetes Marktsegment, was die tatsächliche Entwicklung unter Umständen verzerrt. Das gilt insbesondere für Städte mit einem differenzierten Wohnungsmarkt. Da die Kleinstädte jedoch über keine Mietspiegel verfügen und eine Messung über die Befragung von Maklern oder die Analyse von lokalen Angeboten wegen des hohen Arbeits- aufwands nicht in Frage kommt, muss die Erfassung der Wohnkosten auf diesen Anhaltspunkten basieren. Derzeit allerdings dürfte das Problem angesichts insgesamt geringer Mietendynamik nicht so groß sein.

Im *Anteil der Ein- und Zweifamilienhäuser* am Gesamtwohnungs- bestand widerspiegelt sich eine zunehmende Möglichkeit für die Bevöl- kerung, zwischen verschiedenen Wohnformen zu wählen. Er ist zugleich ein Indikator für den Anteil des selbst genutzten Eigentums und weist auch auf eine qualitativ verbesserte Wohnungsversorgung hin. Umgekehrt wirkt der Wohnflächenanstieg lebensqualitätsmindernd, was jedoch bei den Klein- und Mittelstädten im dünn besiedelten Land Brandenburg nicht ein so hohes Gewicht haben dürfte. Während die *Zahl der Fertigstellungen von Wohnungen* als Indikator für eine wachstumsinduzierte Dynamik des Wohnungsmarktes und eine zunehmende Diversifizierung der Wohnungs- angebote angesehen werden kann, weist die *Leerstandsentwicklung* auf zunehmende Übersättigungserscheinungen auf den Wohnungsmärkten und städtebauliche Missstände, aber damit zugleich auf wachsende Wahl- möglichkeiten für die Bevölkerung hin.

*Anzahl und Größe der brachgefallenen Flächen* sowie Anzahl und Grö- ße der nachgenutzten Flächen taucht zwar im Indikatorenset "Bauen" auf, es handelt sich bei den dahinter stehenden Prozessen aber eher um Erscheinun- gen, die mit wirtschaftlichen und infrastrukturellen Umbrüchen einher ge- hen. Hohe Anteile von Brachflächen stellen aber auch einen städtebaulichen Missstand dar, so dass eine Reduzierung solcher Brachen nicht nur ein Indi- kator für wirtschaftliche Dynamik, sondern auch für eine Verbesserung des städtischen Erscheinungsbildes ist. Allerdings ist der Indikator sehr grob, da er nichts über Lage und Beschaffenheit der Brachen aussagt. Weitere

Indikatoren zum Erscheinungsbild der Städte stehen allerdings nicht zur Verfügung. Das Erscheinungsbild der Stadt oder städtische Brachen können auch Einfluss auf das Sicherheitsgefühl der Bewohner haben. Die *Zahl der bekannt gewordenen Straftaten* je 1.000 Einwohner gilt gemeinhin als das Maß lokaler Sicherheit, doch auch hier sind regionale Spezifika wie etwa die Grenznähe mit ihren besonderen Kriminalitätsformen zu beachten. Auch bleiben Art und Schwere der Delikte außer Betracht.

Für den wichtigen Bereich Freizeit und Erholung hat es sich als besonders schwierig erwiesen, geeignete Indikatoren zu finden. Die reine Anzahl der Einrichtungen sagt wenig über das Angebot aus, ist relativ statisch und hängt schlicht mit der Größe der Stadt zusammen. Zahl und Mitgliederstärke der Vereine sagen nichts über deren räumlichen Einzugsbereich aus. Die Messwerte der Wasserqualität erweisen sich als zu indirekte und überdies träge Indikatoren, weshalb sie schließlich fallen gelassen wurden. Allerdings trifft dies ähnlich auch für die *Luftgüte* zu. Die *kommunalen Ausgaben für Kultur und Sport* bilden immerhin einen Teil der kommunalen Angebote ab, sie werden jedoch sehr stark von einzelnen Schwerpunkten (bauliche Investitionen oder Finanzierung von "Events") bestimmt und eignen sich daher zum Vergleich nur in längeren Perioden.

Die Darstellung der Versorgungslage reduzierte sich im Verlauf der Abstimmungen auf den *Anteil regionaler Lebensmittel auf dem Wochenmarkt*. Dieser Indikator, obwohl er eigentlich aus der Nachhaltigkeitsdiskussion stammt, sagt etwas aus über die Qualität der Wochenmärkte, die ein wichtiger Bestandteil des klein- und mittelstädtischen Lebens sind. Seine Zuverlässigkeit wird jedoch teilweise dadurch in Frage gestellt, dass er in den Kommunen eigenständig erhoben werden muss. Objektive Aussagen zur Versorgungsdichte und zur Qualität des Angebots sind ohne zusätzliche Erhebungen nicht möglich. Die Verkaufsfläche wurde für die neuen Bundesländer derzeit als nicht aussagekräftige Größe angesehen, da hier bereits seit den späten 1990er Jahren eher ein Flächenüberhang besteht und die Zahlen nichts über eine adäquate Verteilung der Läden über das Stadtgebiet und über die Branchenzusammensetzung aussagen. Bei der Darstellung der Mobilität ist die *PKW-Dichte* je 1.000 Einwohner sicherlich ein wichtiger Anhaltspunkt, über die Nutzung der Fahrzeuge sagt das allerdings noch nichts aus. Eine hohe PKW-Dichte kann zusammen mit einem guten ÖPNV-Angebot auf gute Versorgungsbedingungen hindeuten. Die Angaben zur *Länge der Fahrradwege* sind ein weiterer Anhaltspunkt für eine Möglichkeit, unterschiedliche Verkehrsmittel sinnvoll miteinander zu kombinieren. Allerdings lassen die Zahlen nicht erkennen, ob die Fahrradwege innerstädtisch der Bevölkerung oder in der Umgebung vor allem den Touristen zu Gute kommen. Zudem scheinen Unterschiede in der Art der Erhebung dieser Daten den Vergleich zwischen den Kommunen zu erschweren. Als Maßzahl für die Entwicklungstrends ist sie trotzdem brauchbar.

Der Grad der Partizipation schließlich wird über den Indikator der jeweiligen *Beteiligung an den Kommunalwahlen* sowie über den *Anteil der Frauen in den Kommunalparlamenten* abgebildet. Damit bleiben allerdings nicht auf die kommunalen Parlamente bezogene Aktivitäten ausgeklammert.

Bei der Durchsicht der Daten, die für die Jahre 1995 (als mittelfristiger Vergleichswert), 2000, 2002 und 2003 zusammen getragen wurden, werden folgende Erfahrungen sichtbar: Relativ unproblematisch erscheint die Verfügbarkeit der Angaben zur Bevölkerungsentwicklung, zu den Sozialhilfeempfängern, zu den Schulabschlüssen, zu Luftgüte, zu Straftaten, zur PKW-Dichte und zur Partizipation. Nur sehr lückenhaft hingegen können Angaben zur Größe und zur Anzahl brachgefallener Flächen und nachgenutzter Brachflächen sowie zum Indikator Ausbildungsverhältnisse im ersten Lehrjahr gemacht werden. Nicht ohne Verzögerungen zu bekommen sind ebenfalls in vielen Kommunen Angaben zu den Beschäftigten am Wohn- und am Arbeitsort, zu den unterschiedlichen Typen von Pendlern, obwohl diese eigentlich zur Verfügung stehen sollten. Schwierigkeiten bereiten die Daten zum Realsteueraufkommen, zum Anteil an der Einkommens- und Umsatzsteuer. Angaben zu den kommunalen Ausgaben für Kultur und Sport und zur Länge der öffentlichen Radwege liegen auch nur lückenhaft vor. Daneben fällt auf, dass an manchen Stellen unplausible Werte auftauchen, vergleicht man sie mit den Angaben vom Vorjahr oder denen aus anderen Kommunen. Auch wenn für die Folgejahre zu erwarten ist, dass sich das Datenverständnis und die Rechercheprozesse in den Städten einspielen, fällt es derzeit den Verantwortlichen mitunter offenbar noch immer schwer, die Daten regelmäßig nach derselben Berechnungsmethode bereit zu stellen.

Im Ergebnis zeigt sich, dass es selbst nach einer relativ langen Implementationsphase von mehr als zwei Jahren und trotz der externen Assistenz durch die Projektgruppe noch nicht möglich ist, den bereits reduzierten Indikatorensatz vollständig und regelmäßig mit den erforderlichen Angaben zu füllen. Dies unterstreicht noch einmal die Schwierigkeit, unter den gegebenen Bedingungen relativ begrenzter personeller Ressourcen die erforderlichen Arbeitsleistungen in den Klein- und Mittelstädten abzusichern. Das Set objektiver Indikatoren wird dadurch weiter reduziert und ist nicht zuletzt deshalb nicht in der Lage, allein die Komplexität dessen abzubilden, was städtische Lebensqualität ausmacht. Da eine Reihe von Indikatoren die Wirklichkeit nur sehr punktuell repräsentieren und zu einigen Bereichen sinnvolle Daten gar nicht zur Verfügung stehen, erscheint es um so mehr geboten, diese Daten durch subjektive Indikatoren zu ergänzen. Aber die Erfassung subjektiver Sichtweisen auf die städtische Lebensqualität hat auch eine ganz eigenständige Relevanz. Einerseits müssen sich objektive Entwicklungen nicht unmittelbar mit subjektiven Einschätzungen decken, wie es am Beispiel der Kontrastierung von Angaben aus der Kriminalstatistik mit dem subjektiven Sicherheitsgefühl oft schon gezeigt werden konnte. Andererseits ist eine Reihe von Sachverhalten so komplex, dass sie sich objektiv kaum messen lassen und von daher nur eine subjektive Bewertung das Bild abrunden kann. Das gilt insbesondere für das Erscheinungsbild der Stadt und die Versorgungssituation in den unterschiedlichen Bereichen.

## 3.3  Subjektive Indikatoren

Von Anfang an erschien es aus diesen Gründen unverzichtbar, die objektiven Indikatoren durch subjektive zu ergänzen. Subjektiven Indikatoren fällt im Rahmen der Messung von städtischer Lebensqualität eine doppelte Aufgabe zu: Einerseits sollen sie helfen, die Lücken zu schließen, die sich aufgrund der Unvollständigkeit der objektiven Indikatoren ergeben. In einigen Bereichen stellen sie sogar die Hauptinformationsquelle dar. Dies ist zum Beispiel bei den Daten zur Versorgung der Fall, seien dies die medizinische oder gesundheitliche Infrastruktur, Angebote für ältere Menschen und Jugendliche oder die Einzelhandelsversorgung. Einige Fragen zielen außerdem darauf ab, die objektiven Daten mit subjektiven Wahrnehmungen zu kontrastieren, so zum Beispiel bei den Angaben zur öffentlichen Sicherheit sowie zur Fahrradfreundlichkeit der Stadt. Nicht zuletzt waren Fragen aufzunehmen, bei denen es vorrangig darum geht, Befindlichkeiten und Einschätzungen der Bewohner zu städtischer Lebensqualität einzufangen.

In der Regel greifen Kommunen bei Umfragen auf schriftliche Erhebungen oder mündlich-telefonische Befragungen zurück. Mündlich-persönliche Befragungen bilden aufgrund der sehr hohen Kosten die Ausnahme. Zwar lässt eine schriftliche Erhebung aufgrund der überschaubaren Versandkosten eine relativ große Stichprobe zu, doch ist erfahrungsgemäß die Ausschöpfung sehr niedrig und die Selbstselektion der Befragten sehr hoch. Telefonische Befragungen wiederum machen in jedem Fall die Beauftragung eines erfahrenen Feldinstitutes erforderlich und sind vergleichsweise teuer. In den neuen Bundesländern leiden sie zudem unter dem hohen Anonymitätsbedürfnis der Telefonkunden, das sich auf kleinräumiger Ebene kaum durch Randomisierung der Telefonnummern ausgleichen lässt.

Daher stellte sich die Frage, ob nicht inzwischen die Onlinebefragung ein probates Mittel darstellt, welches die Kommunen in die Lage versetzt, eigenständig und mit überschaubarem Mitteleinsatz entsprechende Messungen vorzunehmen. Nach Angaben des (N)Onliner Atlas 2004 sind im Jahr 2004 53 Prozent der deutschen Haushalte und 50 Prozent der Brandenburger mit einem Internetzugang ausgestattet ((N)Onliner Atlas 2004 (www.nonliner-atlas.de, September 2005)). Allerdings lagen zur Akzeptanz dieses Mediums für Befragungen über kommunalpolitische Themen, insbesondere in Klein- und Mittelstädten, keine Erfahrungen vor. Während sich die Teilnahmebereitschaft grundsätzlich aus dem Erfolg oder Misserfolg der Befragung ablesen lässt, war zur Beurteilung der Qualität der Antworten eine Vergleichsmessung erforderlich. Diese wurde in Form einer telefonischen Befragung durchgeführt, die parallel zur Onlinebefragung in den Städten stattfand.

Mit der Entscheidung für die Onlinemethode unterlag die Erhebung einer Reihe von äußeren Zwängen. Um eine breite Akzeptanz der Befragung sicher zu stellen und die Beteiligung nicht dadurch zu gefährden, dass Neugierige durch einen unabsehbar langen Fragebogen abgeschreckt werden, musste man sich bei der Frageformulierung auf die wesentlichen Aspekte beschränken. Zudem war der Fragebogen so aufzubauen, dass er sich am Bildschirm bequem handhaben ließ. Um die Beantwortung zu vereinfachen, war die Formulierung der Fragen möglichst einheitlich vorzunehmen. Bei der Onlinebefragung wurde daher eine einleitende Frageformulierung für alle Fragen gewählt und auch die Skalierung der Antworten konstant gehalten.

Darüber hinaus gab es zwei Fragen: Was ist Ihrer Meinung nach die wichtigste Stärke der Stadt? Und wo sehen Sie das größte Problem der Stadt?, die durch die Befragten offen beantwortet werden konnten.

| Wie beurteilen Sie... |
|---|
| **Bevölkerungsentwicklung (nur objektive Indikatoren)** |
| **Wohnen** |
| ...das Erscheinungsbild der Stadt ganz allgemein |
| ...den Zustand von Gebäuden, Straßen und Plätzen |
| ...die Sauberkeit der Innenstadt |
| ...das Niveau der Mieten bzw. der Wohnkosten |
| ...die Qualität des Wohnungsangebotes in der Stadt |
| **Bauen (nur objektive Indikatoren)** |
| **Arbeit und Wirtschaft** |
| ...die wirtschaftliche Entwicklung der Region in den letzten 5 Jahren |
| ...das Arbeitsplatzangebot in der Region |
| ...die Verdienstmöglichkeiten in der Region |
| ...die wirtschaftliche Perspektive der Region |
| **Bildung und Ausbildung** |
| ...die Qualität der weiterführenden Schulen |
| ...die Vielfalt des Ausbildungsplatzangebotes |
| ...das Angebot an Weiterbildungsmöglichkeiten |
| **Freizeit und Erholung** |
| ...die innerstädtischen Parkanlagen und Grünflächen |
| ...die Naherholungsmöglichkeiten in der Stadt und der Umgebung |
| ...die Häufigkeit von Veranstaltungen kultureller Art in der Stadt |
| ...die Qualität der Veranstaltungen kultureller Art |
| ...das Freizeitangebot für Jugendliche |
| ...das Vereinsangebot in der Stadt |
| ...das Angebot an Gaststätten und Kneipen in der Stadt |
| **Versorgung** |
| ...die Einkaufsmöglichkeiten in der Innenstadt |
| ...das Angebot des Wochenmarktes |
| ...die Angebote für Senioren |
| ...die medizinische Versorgung |
| **Mobilität** |
| ...das Verkehrsaufkommen in der Innenstadt |
| ...das Angebot an Bussen, Bahnen und Straßenbahnen |
| ...die Fußgängerfreundlichkeit der Stadt |
| ...die Radfahrerfreundlichkeit der Stadt |
| ...das Parkplatzangebot in der Innenstadt |
| **Öffentliche Sicherheit** |
| ...die Sicherheit der Stadt, auch bei Nacht |
| **Partizipation** |
| ...die Information über kommunale Angelegenheiten |
| ...die Möglichkeiten zur Beteiligung an kommunalen Entscheidungen |
| ...die Arbeit der politisch Verantwortlichen in der Stadt |
| ...die Bürgernähe der Verwaltung |
| ...die Hilfsbereitschaft und Toleranz der Bevölkerung |
| **Lebensqualität** |
| ...die Lebensqualität der Stadt ganz allgemein |
| ...die Entwicklung der Stadt in den letzten 5 Jahren |
| ...die Perspektiven der Stadt in den nächsten 5 Jahren |

Abb. 11: Fragen des Onlinefragebogens 2004

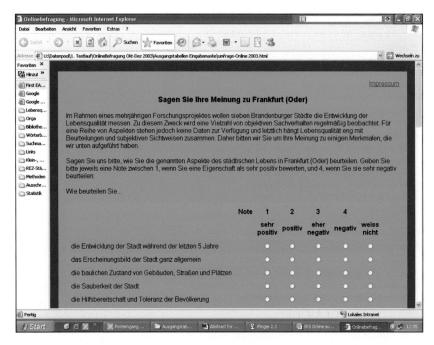

Abb. 12: Teilansicht des Onlinefragebogens 2004

## 3.4 Die Onlinebefragung als Methode zur Erhebung subjektiver Lebensqualität

Ein wichtiges Ziel des Forschungsvorhabens bestand darin, Onlinebefragungen als Methode zur Ermittlung subjektiver Lebensqualität zu erproben. Die Forschungsfrage war eine doppelte: Erstens, funktionieren Onlinebefragungen zu diesem Thema und führen sie zu aussagekräftigen Ergebnissen und zweitens, können sie in Klein- und Mittelstädten eingesetzt werden? Um dies zu überprüfen, ist die Onlinebefragung in den sieben Städten zweimal innerhalb eines Zeitraums von jeweils acht Wochen durchgeführt worden. Die erste Welle fand im Oktober und November 2003 statt, die zweite ein Jahr später.

Um die neue Methode der Onlinebefragung auch einer inhaltlichen Kontrolle zu unterziehen, wurden telefonische Befragungen ebenfalls in zwei Wellen parallel zur Onlinebefragung durchgeführt. Die Fallzahlen orientierten sich dabei mit jeweils 1.050 Befragten an dem finanziell Machbaren und lagen in Größenordnungen, die auch ex ante von der Onlinebefragung erreichbar, zumindest wünschenswert, erschienen. Für die einzelnen Städte, auf die jeweils 150 Interviews entfielen, erhöht sich dadurch allerdings die Fehlertoleranz und es sind kaum Differenzierungen nach sozialen Merkmalen der Befragten möglich. Sie unterliegt damit bis auf die zufällige Auswahl der Befragten ganz ähnlichen Bedingungen wie die Onlinebefragung.

## 3.4.1 Teilnahmebereitschaft

Zunächst war die Frage zu klären, wie eine Teilnahmebereitschaft in den Städten hergestellt werden kann. Ziel musste es sein, die Onlinebefragung möglichst vielen Einwohnern bekannt zu machen. Zu diesem Zweck ist ein Plakat entworfen und gedruckt worden, von dem jeder Stadt etwa 100 Exemplare zur Verfügung gestellt wurden. Diese Plakate sollten in den öffentlichen Einrichtungen, aber auch an weiteren öffentlichkeitswirksamen Stellen ausgehängt werden. Zusätzlich ist eine Postkarte als "Flyer" mit einer Auflage von ca. 300 Stück pro Stadt gedruckt worden, die zum Mitnehmen in öffentlichen Orten ausgelegt wurde. Die Plakate sind im darauf folgenden Jahr erneut zum Einsatz gekommen.

Innerhalb des Zeitraums von rund zwei Monaten, während dessen die Befragungen jeweils freigeschaltet waren, konnte in beiden Wellen eine Beteiligung von insgesamt jeweils rund 1.300 Teilnehmern erzielt werden (2003: 1.324, 2004: 1.291 verwertbare von insgesamt 1.384 ausgefüllten Fragebögen). Obwohl dies vorher durchaus plausibel erschienen war, kam es nicht zu einem Rückgang der Beteiligung bei der zweiten Welle, es war also bei der ersten kein "Neuigkeitseffekt" zu beobachten. Insgesamt stellt die relativ konstante Beteiligungsbereitschaft ein sehr ermutigendes Ergebnis für eine kontinuierliche Durchführung der Befragung dar.

Allerdings verbirgt sich hinter der konstanten Teilnehmerzahl eine starke Schwankung bei der Mitwirkung in den einzelnen Städten. Es sind hierbei Wirkungen einer Reihe von Faktoren auf die Beteiligung zu vermuten. Hierzu gehört die Platzierung des Link-Buttons auf der Startseite der Stadt. Dieser war nicht immer ausgesprochen auffällig gestaltet und es war unterschiedlich aufwändig für die Nutzer, auf die Seite mit dem

Fragebogen zu gelangen. In einigen Städten wurde der Link zeitweilig entfernt, was während der ersten Welle mit der parallel stattfindenden Bürgermeisterwahl zusammen hing. Auch die unterschiedliche Intensität, mit der in den Städten öffentlich auf die Aktion aufmerksam gemacht worden ist, dürfte Auswirkungen auf die Beteiligung gehabt haben.

Grundsätzlich zeigen die Ergebnisse, dass sich Onlinebefragungen in Klein- und Mittelstädten erfolgreich anwenden lassen. Allerdings sind die Voraussetzungen in Mittelstädten besser. In Brandenburg an der Havel, Cottbus, Frankfurt (Oder) und Eberswalde lagen die Teilnehmerzahlen deutlich höher als in den kleineren Städten Jüterbog, Luckenwalde und Neuruppin. Da sie auch hier erheblich geschwankt haben, ist genauer zu fragen, was die Gründe hierfür gewesen sein könnten und welche Maßnahmen geeignet sind, eine höhere Beteiligung zu erreichen.

In beiden Jahren ist die Beteiligung – absolut gesehen – in Brandenburg an der Havel am höchsten gewesen. In Frankfurt (Oder) lag sie 2003 fast ebenso hoch, ist aber 2004 deutlich zurückgegangen. Dies wird von kommunaler Seite darauf zurück-

Abb. 13: Ansicht des Plakats bzw. der Postkarte

geführt, dass in 2003 viele Veranstaltungen stattfanden, die zum verstärkten Aufsuchen der Homepage geführt haben. In Cottbus lag die absolute Teilnehmerzahl bereits 2003 auf niedrigerem Niveau und ist 2004 noch einmal geringer geworden. Auch im Verhältnis der Teilnehmer zur Einwohnerzahl war die Beteiligung in Brandenburg und Frankfurt (Oder) stärker als in Cottbus. Nur 0,1 bzw. 0,2 Prozent der Cottbuser Bevölkerung beteiligten sich an der Onlineumfrage. In Eberswalde hat sich 2004 im Vergleich zum Vorjahr die absolute Teilnehmerzahl verdreifacht. In Neuruppin lag sie 2003 auf niedrigerem Niveau und hat sich 2004 etwas erhöht. In Luckenwalde und Jüterbog sind die absoluten Fallzahlen am niedrigsten und schwanken stark, wobei in Luckenwalde ein schlecht platzierter Link und möglicherweise auch eine durch das URBAN-Programm mitverursachte "Befragungsmüdigkeit" verantwortlich für die geringe Beteiligung waren. Relativ zur Einwohnerzahl jedoch zeigen Eberswalde und Jüterbog im Jahr 2004 eine besonders hohe Teilnehmerzahl. 0,8 bzw. 0,7 Prozent der jeweiligen Stadtbevölkerung nahmen an der Onlinebefragung teil.

| 1. Welle | | 2. Welle | |
|---|---|---|---|
| Brandenburg a.d. Havel | 400 | Brandenburg a.d. Havel | 453 |
| Cottbus | 194 | Cottbus | 153 |
| Eberswalde | 95 | Eberswalde | 319 |
| Frankfurt (Oder) | 375 | Frankfurt (Oder) | 182 |
| Jüterbog | 53 | Jüterbog | 97 |
| Luckenwalde | 103 | Luckenwalde | 53 |
| Neuruppin | 104 | Neuruppin | 127 |
| **Gesamt** | **1.324** | **Gesamt** | **1.384** |

Abb. 14: Teilnehmerzahl der Onlinebefragungen

In der Abb. 15 wird deutlich, dass bei der zweiten Welle die Zahl der Zugriffe im ersten Monat höher lag als im zweiten, dass es aber durch eine nochmalige Verstärkung der Öffentlichkeitsarbeit Anfang Dezember gelungen ist, noch einmal verstärkt Aufmerksamkeit für die Befragung zu erzielen. Auf die am Ende des Befragungszeitraums noch einmal stark gestiegenen Zugriffe in Eberswalde wird im nächsten Abschnitt eingegangen.

Es sollte in jedem Fall überlegt werde, wie in Zukunft eine Rückkoppelung der Ergebnisse zu den Bewohnern sichergestellt werden kann. Ähnlich wie bei der Online-Umfrage "Perspektive Deutschland" würde dies die Mitwirkungsbereitschaft wahrscheinlich erhöhen.

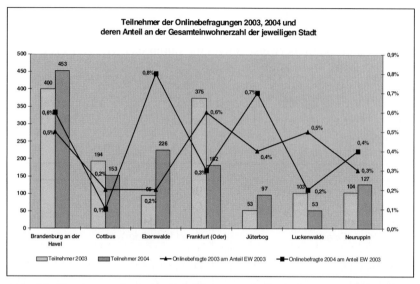

Abb. 15: Absolute und relative Beteiligung an Onlinebefragungen 2003, 2004

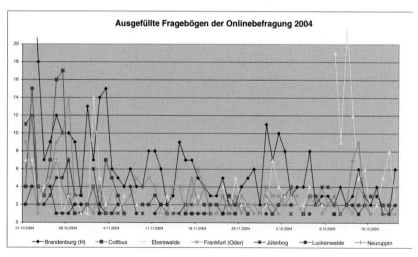

Abb. 16: Entwicklung der Beteiligung an der Onlinebefragung 2004

## 3.4.2 Qualität der Antworten

Die Befürchtung, die Befragung könnte entweder durch unsinnige Antworten oder als Ventil für Überdruss missbraucht werden, hat sich als weitgehend unbegründet heraus gestellt. In beiden Wellen gab es im Wesentlichen nur ernst gemeinte Antworten. Die beiden offenen Fragen, die hierfür eine gute Kontrollmöglichkeit darstellten, wurden fast durchweg sehr ausführlich und instruktiv beantwortet. Die technischen Vorkehrungen, die gegen "Junkmails" getroffen worden waren, haben also gegriffen oder mussten nicht zum Einsatz kommen. Das ist ein sehr positives Ergebnis. Natürlich lässt es sich trotzdem nicht vollkommen ausschließen, dass in einzelnen Fällen bewusst falsche Aussagen gemacht worden sind.

In Eberswalde hatte eine Schule die Fragebogenaktion gegen Ende der Laufzeit für die Projektarbeit "entdeckt". Daraufhin war es aus dem Unterricht heraus zum Versand einer größeren Zahl ausgefüllter Fragebögen durch die Schüler gekommen. Diese ließen sich anhand des identischen Servers als Absender identifizieren. Da es sich mit den Lehrern nicht mehr klären ließ, ob und welche Vorgaben den Schülern für das Ausfüllen der Fragebögen gemacht worden waren, sind sie nicht in die Auswertung gelangt, um Verzerrungen zu verhindern.

## 3.4.3 Teilnehmerstruktur

Von höchstem Interesse ist zunächst der unterschiedliche Grad an Repräsentativität, den die telefonische und die Onlinebefragung erzielten. Bei ihr ergibt sich in den beiden Wellen folgende Verteilung auf die Altersklassen:

| | Onlinebefragung | | Telefonbefragung | | Anteil der Bevölkerung über 16 Jahre (Untersuchungsstädte) |
|---|---|---|---|---|---|
| Altersklassen | 1. Welle | 2. Welle | 1.Welle | 2.Welle | |
| bis 25 | 29% | 29% | 11% | 14% | 20% |
| 26 bis 35 | 25% | 23% | 12% | 13% | 13% |
| 36 bis 64 | 44% | 45% | 56% | 52% | 47% |
| 65 und älter | 3% | 3% | 21% | 21% | 20% |

Abb. 17: Altersstruktur der Telefon- und Onlinebefragung

Es wird deutlich, dass die telefonische Befragung die Gruppe der bis 25-jährigen unterrepräsentiert, dafür mehr Befragte aus den höheren Altersklassen erreicht. Die Gruppe der bis 25-jährigen stellt bei der Onlinebefragung hingegen mit 29 Prozent deutlich höhere Anteile als ihrem realen Gewicht entspricht. Die Altersgruppe zwischen 36 und 64 Jahren wird von der telefonischen Befragung in etwa derselben Größenordnung überrepräsentiert wie sie hingegen in der Onlinebefragung unterschätzt wird. Die über 64-jährigen erreichen bei der Onlinebefragung nur einen Anteil von jeweils rund drei Prozent und sind damit stark unterrepräsentiert.

| | Onlinebefragung | | Telefonbefragung | |
|---|---|---|---|---|
| **Geschlecht** | **1. Welle** | **2. Welle** | **1. Welle** | **2. Welle** |
| männlich | 62% | 60% | 42% | 40% |
| weiblich | 38% | 40% | 58% | 61% |
| **Beschäftigung** | **1. Welle** | **2. Welle** | **1. Welle** | **2. Welle** |
| arbeitslos | 11% | 10% | 22% | 22% |

Abb. 18: Geschlecht und Beschäftigungssituation der Befragten

Während an der Onlinebefragung mehr Männer als Frauen teilnehmen, ist es bei der telefonischen Befragung umgekehrt. Beide Stichproben weichen von der Realität ab, die Onlinebefragung allerdings stärker als die telefonische.

In beiden Wellen der Onlinebefragung waren rund 60 Prozent der Teilnehmer berufstätig und nur zehn Prozent arbeitslos. An der telefonischen Befragung nahmen dagegen jeweils mehr als 22 Prozent Arbeitslose teil und mehr als die Hälfte befand sich im Ruhestand. Insofern ist der Anteil der nicht im Erwerbsleben stehenden bei der telefonischen Befragung mit rund drei Vierteln überrepräsentiert, bei der Onlinebefragung deutlich unterrepräsentiert. Mit der Onlinebefragung wird also nicht nur eine jüngere, sondern auch wirtschaftlich aktivere Auswahl der Bevölkerung befragt.

Während bei der Onlinebefragung etwas mehr als ein Fünftel der Befragten über die Hochschulreife verfügt, ist deren Anteil bei der telefonischen Befragung knapp halb so groß. Noch auffälliger ist der Abstand bei den Hochschulabgängern: Sie sind mit rund 21 Prozent an der ersten und 27 Prozent an der zweiten telefonischen Befragung vertreten, während sie bei der Onlinebefragung 39 Prozent beziehungsweise 43 Prozent ausmachen.

| Höchster Bildungsabschluss | Onlinebefragung | | Telefonbefragung | |
|---|---|---|---|---|
| | 1. Welle | 2. Welle | 1. Welle | 2. Welle |
| Hauptschule/Facharbeiter | 22% | 17% | 31% | 33% |
| Realschule, mittlere Reife | 16% | 18% | 35% | 25% |
| Abitur | 23% | 22% | 9% | 9% |
| Hochschulabschluss | 39% | 43% | 21% | 27% |
| Keine Angabe | 0% | 0% | 4% | 6% |

Abb. 19: Bildungsstand der Teilnehmer

Die Teilnehmerstruktur ist also, wie dies zu erwarten war, nicht repräsentativ für die Bevölkerung insgesamt. Onlinebefragte sind im Schnitt jünger, besser ausgebildet, zu größeren Teilen berufstätig und es nehmen mehr Männer an der Befragung teil. Positiv ist jedoch zu konstatieren, dass mit gut 15 Prozent relativ viele Befragte über 50 Jahren an der Onlinebefragung teilgenommen haben, die Teilnahme also nicht ganz so "jugendlastig" war, wie man hätte annehmen können. In beiden Wellen lag das Durchschnittsalter der Teilnehmer bei rund 35 Jahren und damit unter dem tatsächlichen Wert für die sieben Städte.

Die Übereinstimmung aller Strukturmerkmale ist in beiden Wellen der Onlinebefragung erstaunlich hoch und lässt damit auf eine recht stabile Teilnehmerstruktur bei solchen Befragungen schließen. Für eine Bewertung der Lebensqualität in den Städten ist die stärkere Beteiligung jüngerer und wirtschaftlich aktiver Teile der Bevölkerung letztlich nicht von Nachteil. Erstens sind jüngere Befragte erfahrungsgemäß kritischer und zweitens in höherem Maße mobil. Sie sind also stärker in der Lage, praktische Konsequenzen aus ihrer Haltung zu ziehen. Für die Kommunen bildet ihr Urteil also in höherem Maße ein "Frühwarnsystem". Im Unterschied dazu tendiert eine telefonische Befragung dazu, den älteren und in der Regel zufriedeneren Teil der Bewohnerschaft abzubilden. Als Seismograf für Veränderungen in der Lebensqualität sind diese weniger geeignet. Insofern stellt das Fehlen einer statistischen Repräsentativität für den mit der Befragung verfolgten Zweck keinen Nachteil, sondern eher sogar einen Vorteil dar.

## 3.4.4 Beurteilung von Sachverhalten im Vergleich

Die Haupttendenzen, in der die abgefragten Sachverhalte beurteilt werden, gehen bei der telefonischen und bei der Onlinebefragung im Wesentlichen in dieselbe Richtung. Die Abweichungen sind in der Regel dergestalt, dass sich, wie zu erwarten, die Teilnehmer an der Onlinebefragung kritischer äußern als die telefonisch Befragten.

Im Durchschnitt weichen die Urteile, wenn man die Wertungen in Noten zwischen 1 (= sehr positiv) und 4 (= negativ) ausdrückt, bei der Onlinebefragung um -0,2 Notenpunkte von der telefonischen Befragung ab.[9] Die Abweichungen sind normal verteilt, wobei die Abweichung in vier Fällen positiv ist, also die betreffenden Sachverhalte von den Onlinebefragten um 0,1 Notenpunkte besser bewertet werden. In zehn Fällen gibt es übereinstimmende Urteile bei beiden Befragungen, in den restlichen 52 Fällen ist die Abweichung negativ. Die Spanne der Abweichungen reicht von +0,1 bis -0,5.

| Notenpunkte | Häufigkeit |
|:-----------:|:----------:|
| 0,1 | 4 |
| +/- 0 | 10 |
| -0,1 | 13 |
| -0,2 | 15 |
| -0,3 | 14 |
| -0,4 | 7 |
| -0,5 | 3 |

Abb. 20: Abweichungen der Durchschnittsnoten bei Telefon- und Online-befragung

Überdurchschnittlich hohe Übereinstimmung gibt es in den Urteilen der Online- und der Telefon-Befragten über Aspekte aus den Bereichen der Wirtschaft und der Bildung und Ausbildung sowie zur allgemeinen Sicherheit. Größere Abweichungen sind bei Aspekten aus dem Bereich Partizipation, Erscheinungsbild der Stadt, bei der Versorgung sowie der Beurteilung der Hilfsbereitschaft der Bevölkerung festzustellen.

---

9   Die Zufriedenheitsskalen enthalten einheitlich die Werte von 1,0 (sehr positiv) bis 4,0 (negativ). Die Ergebnisse der Onlinebefragung 2004 werden in einem gemittelten Notenwert angegeben. Der Notendurchschnitt ergibt sich aus der Berechnung des Mittelwerts der vier Antwortkategorien [Z.B.: In den sieben untersuchten Städten beurteilten 56 Befragte (4,4%) die Lebensqualität ihrer Stadt "sehr positiv" (Note 1), 584 Personen (46,1%) "positiv" (Note 2), während 488 befragte Bürger (38,5%) mit "eher negativ" (Note 3) und 138 (10,9%) mit "negativ" (Note 4) antworteten. Der Mittelwert aus diesen Antwortkategorien ergibt die Note 2,6.].

Die Standardabweichung[10] liegt bei der Onlinebefragung niedriger als bei der telefonischen, was wohl auch als Ausdruck der größeren Homogenität der Befragten gewertet werden kann.

## 3.4.5 Konstanz der Urteile

Die Befragung fiel im Jahr 2003 in eine Zeit, in der zumindest in Brandenburg an der Havel und in Cottbus die Unzufriedenheit der Bevölkerung mit bestimmten Aspekten der kommunalen Politik besonders groß war. Insofern ist es plausibel, wenn sich dies bei der Beurteilung von Sachverhalten in einer Veränderung des Urteils niederschlagen würde. Bei der überwiegenden Zahl der abgefragten Aspekte wären hingegen starke Unterschiede in der Beurteilung relativ unplausibel, da während eines knappen Jahres, das zwischen beiden Wellen verstrichen ist, kaum mit stark veränderten Urteilen zu rechnen ist.

Tatsächlich bleiben die Urteile in beiden Befragungen in der überwiegenden Zahl der Fälle relativ konstant (wenn man Veränderungen von 0,1 Notenpunkten als relativ konstant betrachtet, was angesichts der Fehlertoleranz vertretbar erscheint). Dabei schneidet die Onlinebefragung deutlich besser ab: Nur in sechs Fällen ist hier der Unterschied größer und beträgt 0,2 Notenpunkte. Bei der Telefonbefragung sind die Unterschiede deutlicher ausgeprägt: Hier weichen die Antworten in acht Fällen um 0,2 Notenpunkte voneinander ab, in drei Fällen um 0,3 Notenpunkte und in weiteren drei Fällen ist der Unterschied sogar noch größer und beträgt maximal 0,5 Notenpunkte.

In jenen Fällen, in denen die Urteile der Befragten sich zwischen 2003 und 2004 nicht in dieselbe Richtung verändern, wenn man telefonische und Onlinebefragung vergleicht (also nicht in beiden Befragungen entweder eine gemeinsame positive oder negative Tendenz aufweisen) handelt es sich um Fragen, in denen der Anteil derer, die sich eines Urteils enthalten, besonders hoch ist. Es gibt allerdings eine Ausnahme: Bei der telefonischen Befragung wurde 2003 das Niveau der Mieten außerordent-

---

10 Die Stärke der Meinungsvariation drückt sich im Wert der Standardabweichung aus. Grundsätzlich gilt hierbei, dass ein Mittelwert umso aussagekräftiger ist, je geringer die Standardabweichung ist.

lich negativ bewertet, was im Vergleich zum Folgejahr einen Sprung von 0,5 Notenpunkten bewirkt hat.

Insgesamt zeigt sich, dass die Konstanz bei der Beurteilung der Sachverhalte bei der Onlinebefragung höher liegt als bei der telefonischen Befragung. Die relativ hohe Zahl der Abweichungen bei der telefonischen Befragung, die noch dazu teilweise relativ groß sind, wirft größere Interpretationsprobleme auf als die Onlinebefragung, die damit aus diesem Blickwinkel sogar zuverlässiger als die telefonische Befragung erscheint.

## 3.4.6 Wichtigste Stärke und das größte Problem der Stadt

Die Möglichkeit, am Ende des Fragebogens die beiden offenen Fragen zu beantworten, wurde von fast allen Befragten genutzt. Die Mitteilungsbereitschaft war dabei in einigen Fällen so groß, dass die ursprünglich geplante Beschränkung auf eine bestimmte Anzahl von Zeichen aufgegeben wurde. Die offenen Nennungen geben einen sehr aufschlussreichen zusätzlichen Einblick in die Interpretation der städtischen Lebensqualität durch die Befragten. Für Außenstehende boten sie eine Vielzahl von Hinweisen auf besondere lokale Ereignisse, aber auch auf Spezifika des Selbstbildes der Bewohner.

Als zentrale Stärken wurden häufig die Umgebung, aber auch Infrastrukturangebote und Einrichtungen (wie z.B. Hochschulen, Tierpark, Skaterbahn), sowie Innenstadt und Altstadt genannt. Arbeitslosigkeit, fehlende Wirtschaftskraft sowie Politik und Verwaltung stellen die am häufigsten genannten Problemfelder dar. Die offenen Nennungen waren weniger als erwartet von tagespolitischen Geschehnissen beeinflusst. Eine Ausnahme bildet allenfalls die Auseinandersetzung um die stockende Bebauung eines zentralen Platzes in Brandenburg an der Havel: Im Jahr 2003 war "das Loch" zum Symbol für städtebauliche Mängel und die fehlende Kompetenz der Verwaltung geworden. Ein Jahr später spielte es diese Rolle schon nicht mehr. In den übrigen Fällen unterscheiden sich die im Jahr 2003 am häufigsten genannten Stärken und Schwächen kaum von denen, die ein Jahr später angegeben wurden, lediglich die Rangfolge hat sich in einigen Fällen leicht geändert.

Die Auswertung der offenen Nennungen verlangt einerseits eine gewisse Übung mit der Codierung und der Interpretation. Andererseits dürfte eine Reihe von Sachverhalten den Verantwortlichen auf kommunaler Ebene eher bekannt sein als einem externen Forscher. Dies könnte dagegen sprechen, sie in die Befragung in kommunaler Eigenregie zu übernehmen. Andererseits liefern sie wertvolle Hinweise und stellen eine gute Möglichkeit dar, die "Seriosität" der eingesandten Fragebögen zu überprüfen.

## 3.5 Expertenbefragung

Um das Bild abzurunden und zu ergänzen, das sich mit den objektiven und subjektiven Indikatoren gewinnen lässt, aber vor allem auch, um Interpretationsmöglichkeiten gegeneinander abzuwägen und möglicherweise unterschiedliche Sichtweisen anzunähern, war als dritter Baustein eine Befragung lokaler Experten vorgesehen. Diese sollte ebenfalls über das Internet in einer Art "Chatroom" durchgeführt werden, wobei die ursprüngliche Idee vorsah, die verschiedenen Antworten zu sammeln und in anonymisierter Form jeweils den übrigen Experten zur Kenntnis zu geben, damit diese dann wiederum auf die Antworten der anderen reagieren können.

Als lokale Experten galten einerseits Fachleute innerhalb und außerhalb der Verwaltung, aber auch Persönlichkeiten des öffentlichen Lebens oder alteingesessene Bewohnerinnen und Bewohner, die aufgrund besonderer Aktivitäten zu einem Expertenkreis hinzugerechnet werden konnten. Die Auswahl dieser Experten erfolgte über die lokalen Mitwirkenden an der Projektgruppe. Die erste Befragung fand im Mai 2004 (1. Welle) statt, die zweite im Frühjahr 2005 (2. Welle). Von den 61 lokalen Experten, die in der ersten Welle angeschrieben wurden, reagierten gut die Hälfte, nämlich 31 Personen, positiv, die tatsächliche Teilnahme lag dann aber mit nur 16 Experten bei 27 Prozent. Um die Beteiligung zu erhöhen, war bei der zweiten Welle das Anschreiben von nunmehr 146 Experten über die Bürgermeister oder Oberbürgermeister erfolgt. Es reagierten aber nur 54 (37 Prozent) positiv und nur 24 Personen nahmen schließlich teil, was einer Ausschöpfung von nur noch 16 Prozent entspricht (vgl. Abb. 21).

Die Beteiligung war in den einzelnen Städten unabhängig von deren Größe in beiden Wellen unterschiedlich: Gemessen an der Größe der Stadt ist die Beteiligung in Luckenwalde hoch, in Brandenburg an der Havel dagegen sehr niedrig. In der kleinen Stadt Luckenwalde haben sich

| | 1. Welle | 2. Welle |
|---|---|---|
| Brandenburg a.d. Havel | 0 | 2 |
| Cottbus | 4 | 7 |
| Eberswalde | 4 | 5 |
| Frankfurt (Oder) | 2 | 1 |
| Jüterbog | 2 | 1 |
| Luckenwalde | 3 | 6 |
| Neuruppin | 1 | 2 |

Abb. 21: Beteiligung an der Expertenbefragung
je Stadt

an der zweiten Welle etwa so viele Experten beteiligt wie in den großen Städten Frankfurt (Oder) und Cottbus. Dies steht in deutlichem Kontrast zu der Tatsache, dass die Teilnahmebereitschaft an der Onlinebefragung gerade in Brandenburg an der Havel sehr hoch, in Luckenwalde hingegen niedrig war. Die Fragen wurden in Bezug auf die Ausführlichkeit unterschiedlich beantwortet, die Rückläufe hatten einen Umfang von wenigen Sätzen bis hin zu sechs Seiten. Die meisten Rückläufe kamen aus den Bereichen der Wirtschaft, des Bauens und Wohnens sowie des Verkehrs.

Das Ziel, unterschiedliche Interpretationen zwischen den Beteiligten austauschen zu können, war aber nicht nur aufgrund der zu geringen Rückläufe unrealistisch geworden, es ließ sich auch aufgrund des Antwortverhaltens nicht aufrechterhalten. Die Experten beschränkten sich nämlich häufig auf Antworten, die thematisch zu ihrem Tätigkeits- oder Erfahrungsbereich gehörten und verzichteten auf Meinungsäußerungen zu anderen Themen, weil ihnen dies zu spekulativ erschienen wären. Wo dies doch geschah, hatten die Antworten oftmals tatsächlich nur eine wenig profunde Aussagekraft.

Im Endeffekt stellten die Ergebnisse der Expertenbefragung zu einigen Punkten zwar eine Interpretationshilfe dar, dieser Effekt ist aber auch mit anderen Mitteln, wie beispielsweise einer verwaltungsinternen Arbeitsgruppe oder einem Runden Tisch zu erzielen. Wenn man externen Sachverstand in die Interpretation der Indikatoren und die Auswertung der Befragung einbeziehen will, ist es empfehlenswert, die Experten von vornherein nur zu jenen Sachgebieten zu befragen, für die sie als Experten ausgewählt worden sind.

# 4 Inhaltliche Ergebnisse

Im folgenden Kapitel werden ausgewählte inhaltliche Ergebnisse des Monitoringsystems dargestellt. Zu den einzelnen thematischen Bereichen der städtischen Lebensqualität werden Ergebnisse der objektiven Datenerhebung sowie der Onlinebefragung 2004 gegenübergestellt. Darüber hinaus liefern ausgesuchte Ergebnisse der Expertengespräche Interpretationshilfen für den Vergleich der objektiven und subjektiven Indikatoren. Schließlich werden die Einschätzungen der Bürger zur Lebensqualität in ihrer Stadt analysiert.

## 4.1 Arbeit, Wirtschaft und Bildung

Für die Beurteilung der wirtschaftlichen Situation stehen nur indirekte Indikatoren zur Verfügung. Aus der Zahl der sozialversicherungspflichtig Beschäftigten am Wohn- und Arbeitsort und der Pendlerströme sind Rückschlüsse auf die wirtschaftliche Stärke einer Stadt möglich. Seit der Wende hat sich ein struktureller Wandel auf dem ostdeutschen Arbeitsmarkt vollzogen. Viele Beschäftigungsmöglichkeiten in den primären und sekundären Wirtschaftsbereichen sind weggefallen, der Dienstleistungssektor war nicht in der Lage, diese Lücke ausreichend zu kompensieren. Im Indikator Arbeitslosenrate wird sichtbar, in welchem Maße es den Städten gelingt, diesen Strukturwandel zu bewältigen.

Die Arbeitslosenrate[11] lag im Jahr 2003 im Städtekranz zwischen 14 und 18 Prozent, was eine starke Beeinträchtigung der Lebensqualität in einem ganz zentralen Aspekt bedeutet. Im Land Brandenburg ist die Lage vergleichbar schlecht, die Arbeitslosenrate lag im Jahr 2003 bei 17,4 Prozent (LUA 2004). Im Vergleich zum Jahr 1995 verzeichneten alle Städte einen Anstieg der Arbeitslosenrate. Dort, wo die Arbeitslosigkeit bereits 1995 recht hoch gewesen war, fiel der Anstieg geringer aus, in Cottbus und Frankfurt (Oder) betrug die Steigerung mehr als 50 Prozent.

---

11 Die Arbeitslosenrate bezeichnet den Prozentanteil der Arbeitslosen auf 100 Einwohner im erwerbsfähigen Alter zwischen 16 und 64 Jahren. Sie liegt in der Regel einige Prozentpunkte unter der Arbeitslosenquote.

Zwischen den größeren und kleineren Städten ist hinsichtlich der Arbeitslosigkeit kein struktureller Unterschied festzustellen. Cottbus und Frankfurt (Oder) gelingt es, entsprechend ihrer Funktion als Mittelzentrum mehr Arbeitsplätze zur Verfügung zu stellen, Brandenburg an der Havel erweist sich hier als schwächer. Daher fällt auch sein Pendlersaldo sehr niedrig aus.[12] Bei den Kleinstädten fällt Jüterbog durch ein sehr niedriges Arbeitsplatzangebot innerhalb der Stadt auf.

Die Anzahl der Sozialhilfeempfänger je 1.000 Einwohner hat auch in allen untersuchten Städten seit 1995 teilweise stark zugenommen. Im Vergleich zum Land Brandenburg lag der Anteil nur in Luckenwalde niedriger, in den anderen zwischen 0,4 und 2,3 Prozentpunkte darüber. Die Anteile sind im Vergleich zu 1995 enorm gestiegen, in Frankfurt (Oder) um 165 Prozent. In Neuruppin lag die Zahl der Sozialhilfeempfänger für eine Stadt dieser Größenordnung außerordentlich hoch.

Die Zahlen zum Realsteueraufkommen und zum Anteil an der Einkommens- und Umsatzsteuer je Einwohner weisen im Allgemeinen seit 2003 einen Rückgang auf. Hierbei muss beachtet werden, dass sich aufgrund der sinkenden Einwohnerzahlen die Entwicklungen in absoluter Höhe für die Kommune negativer darstellen dürften. Zusätzlich sind die Auswirkungen eines steigenden Realsteueraufkommens für die Einwohner widersprüchlich: Zwar verzeichnet ihre Kommune höhere Einnahmen, jedoch zu Lasten der Gewerbetreibenden und der Immobilieneigentümer. Insgesamt dürfte sich die Finanzlage der Kommunen in den letzten Jahren deutlich verschlechtert haben.

Da sich in keiner Stadt die Lage auf dem Arbeitsmarkt in den letzten Jahren verbessert, die Arbeitslosigkeit vielmehr noch zugenommen hat, ist es zu erwarten, dass auch die subjektive Bewertung dieser Entwicklung sehr negativ ausfällt. Tatsächlich ist die Unzufriedenheit der Befragten mit dem Arbeitsplatzangebot in der Region und der wirtschaftlichen Entwicklung während der letzten fünf Jahre außerordentlich groß. Eine schlechtere Bewertung ist kaum denkbar, die Betroffenen sehen offenbar die Lage auf dem Arbeitsmarkt als desasترös an. Da es sich bei den

---

12 Eine hohe Einpendlerquote kann einerseits auf eine hohe Attraktivität und Anzahl an Arbeitsplätzen hinweisen, sie kann andererseits aber auch dafür sprechen, dass die Attraktivität der Stadt als Wohnstandort niedrig, die Stadtfläche gering oder das Umland dicht besiedelt ist.

Befragten, wie dargestellt, eher um besser ausgebildete und ökonomisch aktive Personen handelt, sind diese Einschätzungen besonders alarmierend. Auch wenn sie besser bewertet wird als die Arbeitsplatzsituation, muss es doch ebenfalls nachdenklich stimmen, dass die zukünftige Entwicklung negativer bewertet wird als die Entwicklung während der vergangenen fünf Jahre. Das entspricht zwar dem bundesweiten Trend einer zunehmenden Zukunftsangst, setzt aber die Städte in den neuen Bundesländern weiter anwachsenden Risiken von Abwanderung aus.

Neben dem Arbeitsplatzangebot und der wirtschaftlichen Entwicklung erhalten auch die Verdienstmöglichkeiten bei der Befragung der Bürger sehr schlechte Werte. Nur fünf Prozent aller Befragten sind mit den Verdienstmöglichkeiten zufrieden. Diese Angaben lassen sich nicht

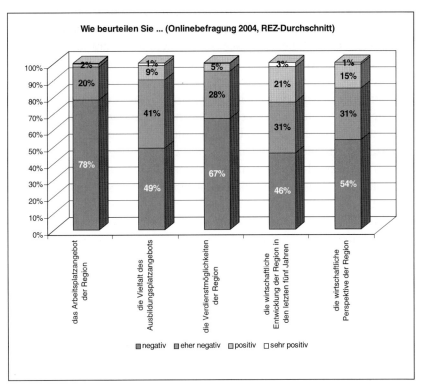

Abb. 22: Zufriedenheit mit dem Bereich Arbeit und Wirtschaft

ohne weiteres als Indiz für eine wirtschaftlich prekäre Lage der Haushalte heranziehen, sie zeigen vielmehr erneut, dass bei der subjektiven Bewertung der Vergleich, in diesem Fall mit den alten Bundesländern, eine wichtige Rolle spielen dürfte.

Ein Vergleich der objektiven Daten mit den Ergebnissen der Befragung zeigt, dass es eine unmittelbare Entsprechung der subjektiven Sicht und der objektiven Entwicklung nicht gibt. Nur hinsichtlich der Befragten in Luckenwalde, die etwas positiver gestimmt sind, finden sich dafür Anhaltspunkte in den objektiven Daten. Anders ist es im Fall von Neuruppin: Dort zeigen die objektiven Daten eine Zunahme der Arbeitslosigkeit und trotzdem wird das Angebot an Arbeitsplätzen und die wirtschaftliche Entwicklung der vergangenen Jahre deutlich positiver gesehen. Auch die ökonomische Zukunft der Stadt wird von den Bürgern in Neuruppin besser bewertet. Die objektive Entwicklung stimmt hier ganz offensichtlich nicht mit der positiveren Bewertung der Lage überein.

Um sich ständig wandelnden und steigenden Anforderungen des enger werdenden Arbeitsmarktes anzupassen, bekommt die berufliche Qualifikation der Bürger auch gerade in den ostdeutschen Klein- und Mittelstädten eine zunehmende Bedeutung. Aus diesem Grund sind die Qualität der schulischen, aber auch der beruflichen Aus- und Weiterbildung entscheidend für die Sicherung eines angemessenen Einkommens und zur Sicherstellung der zukünftigen Lebenschancen. Personen ohne Schul- oder Ausbildungsabschluss haben angesichts des technologischen Wandels in Zukunft kaum noch Chancen, ihren Lebensunterhalt durch Erwerbsarbeit zu bestreiten, Personen mit akademischem Abschluss hingegen haben deutlich bessere Aussichten auf eine Beschäftigung.

Im Bildungs- und Ausbildungsbereich nehmen die sieben Städte ihre Funktion als Mittel- bzw. Oberzentren für die umliegenden Gemeinden war. Diese Funktion zeigt sich in der zunehmenden Ausdifferenzierung der Schulformen über die Grundversorgung hinaus, aber auch im Angebot der Ausbildung durch betriebliche und geförderte Ausbildungsverhältnisse sowie der Fachhoch- bzw. Hochschulen. Neben den weiterführenden Schulen besitzen die Städte Cottbus und Frankfurt (Oder) Universitäten. Brandenburg an der Havel, Cottbus und Eberswalde sind jeweils Sitz von Fachhochschulen.

Dass in den Städten trotz der hohen Brisanz des Themas keine Zahlen zu den Ausbildungsplatzverhältnissen greifbar sind, lässt Zweifel darüber aufkommen, ob von Seiten der Verantwortlichen mit dem gebotenen Nachdruck an einer Verbesserung dieser Lage gearbeitet wird. Die Anteile der Schulabgänger ohne Schulabschluss stehen für ein geringeres, unter Umständen zu geringes Qualifizierungsniveau, um eine Ausbildung zu beginnen und in eine anschließende Erwerbstätigkeit zu gelangen. Unter den Kommunen des Städtekranzes lag der Anteil der Schulabbrecher nur in Brandenburg an der Havel leicht über dem Landesdurchschnitt.[13] Im Jahresvergleich stagnieren die Quoten, es ist aber auch keine Verbesserung der durchschnittlichen Schulerfolge zu erkennen.

Der Anteil der Abiturienten lag in allen untersuchten Städten über dem Landesdurchschnitt. Ins Auge fällt eine sehr hohe Quote im Jahr 2003 in Frankfurt (Oder). Allerdings ist im Zeitverlauf eine bemerkenswerte Entwicklung zu verzeichnen: Während die Anteile der Abiturienten in den Kleinstädten deutlich sinken, steigen sie in den Mittelstädten. Ob dies als Ausdruck zunehmender Entmischungsprozesse zu Lasten der Kleinstädte interpretiert werden kann, ist ohne Kenntnis weiterer Merkmale nicht möglich. Für die Entwicklung der Lebenschancen der Jugendlichen in den kleinen Städten verheißen die Zahlen nichts Gutes. Am stärksten ist hiervon die Stadt Luckenwalde betroffen, wo der Anteil der Abiturienten unter 30 Prozent liegt.

Die zahlenmäßigen Anteile der einzelnen Schulabschlüsse lassen keine direkten Schlüsse auf die Qualität der Schulen zu. Die Qualität weiterführender Schulen wird im Städtekranz von 64 Prozent aller Befragten positiv bewertet. Obwohl hier keine ungewöhnlichen Werte bei den Anteilen der Abiturienten erkennbar sind, schneidet die Stadt Neuruppin besonders positiv ab. Umgekehrt wird die Qualität der weiterführenden Schulen in Frankfurt (Oder) nicht besser beurteilt, obgleich die Zahl der Abiturienten dort sehr hoch ist. Wie die Qualität der weiterführenden Schulen eingeschätzt wird, hängt also nicht direkt mit ihrem messbaren Output zusammen, sondern ist eher von ihrem Ruf abhängig.

---

13 Der Anteil der Schulabgänger im Land Brandenburg teilte sich für das Schuljahr 2002/2003 wie folgt auf: 28 Prozent der Schüler erreichten die allgemeine Hochschulreife, 44 Prozent der Abgänger erlangten den Realschulabschluss, weitere 20 Prozent den Hauptschulabschluss und gut acht Prozent verließen die Schule ohne Schulabschluss.

Hinsichtlich der Weiterbildungsmöglichkeiten stehen keine objektiven Daten zur Verfügung, was angesichts der Anforderungen, die von den Veränderungen auf dem Arbeitsmarkt schon seit Jahren ausgehen, der Kommunalstatistik kein gutes Zeugnis ausstellt. Im Durchschnitt wird das Weiterbildungsangebot von nur 34 Prozent der Befragten mit hoher Zufriedenheit bewertet. Die Bewertung fällt besser aus als beim Ausbildungsplatzangebot, aber schlechter im Vergleich mit den weiterführenden Schulen. Es ergibt sich kein eindeutiges Bild zugunsten der Mittelstädte, da nur die Befragten in Cottbus das Angebot an Weiterbildungsmöglichkeiten positiver bewerten. Umgekehrt schneidet Jüterbog als einzige Kleinstadt deutlich schlechter ab.

## 4.2  Wohnen und Bauen, Erscheinungsbild

Dem Wohnen als menschliches Grundbedürfnis kommt eine ganz elementare Bedeutung für die städtische Lebensqualität zu. Über das Wohnen (und nicht das Arbeiten) ist die Zugehörigkeit der Bürger zur Stadt geregelt. Eine angemessene Versorgung der Bevölkerung mit Wohnraum in den Städten zu sichern, ist ein generelles Ziel der staatlichen Städtebau und Wohnungspolitik. Da der Wohnungsmarkt seit der Phase der Industrialisierung durch Knappheiten und soziale Ungleichheiten in den wachsenden Städten geprägt war, ist das Wohnen bis heute ein stark durch den Staat regulierter Bereich. In der DDR war die "Lösung des Wohnungsproblems als soziale Frage" zentraler Bestandteil staatlicher Politik und hatte zur Errichtung von industriellen Großwohnsiedlungen am Stadtrand geführt. Viele ostdeutsche Städte bildeten deshalb eine duale Siedlungsstruktur aus, bei der sich Altstadt und "Neustadt" gegenüberstehen. Der Mietpreis war in der DDR staatlich subventioniert und sehr niedrig, was mit dazu beitrug, dass der Wohnraum in den historischen Stadtkernen und den Gründerzeitvierteln enorm vernachlässigt wurde.

Nach der Wende wurde, wiederum mit hohen staatlichen Subventionen, der Wohnbestand modernisiert und gleichzeitig der Wohnungsneubau durch Subventionen enorm forciert. In der Folge und mitbedingt durch den Trend zur Verkleinerung der Privathaushalte gleicht sich die durchschnittliche Wohnflächenversorgung der Mieterhaushalte im Osten mit 34,0 Quadratmeter je Kopf im Jahr 2002 dem Niveau des Westens beinahe an (37,2 Quadratmeter je Kopf) (BBR 2005: 21). Demgegenüber bestehen bei der Wohneigentumsquote noch deutliche Unterschiede. Verfügen in Westdeutschland 46 Prozent der Haushalte über Wohneigentum, liegt dieser Wert in Ostdeutschland erst bei 31 Prozent. Das Wohnen zur Miete in Mehrfamilienhäusern bestimmt daher noch sehr viel stärker die Lebensbedingungen in den ostdeutschen Städten. Die Wohnkosten in den neuen Ländern haben sich mittlerweile an die in vergleichbaren Strukturen der alten Bundesländer angenähert und beanspruchen zwischen 25 und 30 Prozent der Nettohaushaltseinkommen. Einer deutlichen Steigerung des Wohnstandards und einer Beseitigung der Wohnungsknappheit stehen auf der anderen Seite der Lebensqualität also gestiegene Wohnkosten gegenüber. In vielen schrumpfenden Städten sind, bedingt durch starke Abwanderungen bei gleichzeitigem Wohnungsneubau in den 1990er Jahren, inzwischen massive strukturelle Wohnungsleerstände zu verzeichnen, die durch den Stadtumbau reduziert werden sollen.

Abb. 23: Leerstand in Brandenburg an der Havel (Foto: Schütte), Neubau in der Innenstadt Eberswalde (Foto: Schütte)

Als Ausdruck für die verbesserte Wohnungsversorgung ist die Wohnfläche in Quadratmetern je Person in allen Städten zwischen 1995 und 2003 deutlich gestiegen. Lag dieser Wert 1995 noch bei 28 Quadratmeter je Person, so stehen im Durchschnitt im Jahr 2003 jedem Bürger des Städtekranzes 36 Quadratmeter zur Verfügung (für Luckenwalde lagen keine Werte vor, der Landesdurchschnitt für Brandenburg liegt 2003 bei 37,5 Quadratmetern). Weit über dem Durchschnitt liegt die Kleinstadt Jüterbog mit 41 Quadratmetern je Einwohner, weit unter dem Durchschnitt die Stadt Eberswalde mit nur 31 Quadratmetern. Eberswalde weist zugleich die geringste Dynamik in der Wohnflächenvergrößerung zwischen 1995 und 2003 auf. Die stärkste Dynamik des Anstiegs der Wohnflächen besteht in Brandenburg an der Havel.

Den höchsten Anteil an Ein- und Zweifamilienhäusern weist die Kleinstadt Jüterbog mit 41,3 Prozent im Jahr 2003 auf (Landesdurchschnitt 45,7 Prozent). Dieser für Kleinstädte typische Wert stagniert und zeigt seit 1995 wenig Dynamik. Den niedrigsten Anteil an Ein- und Zweifamilienhäusern weist wiederum Eberswalde mit 17,3 Prozent auf. Für eine Stadtgröße von ca. 40.000 Einwohnern ist dies ein niedriges Niveau. Auch hier zeigt sich in Eberswalde wenig Dynamik auf dem lokalen Wohnungsmarkt. In den größeren Städten Frankfurt (Oder) und Cottbus drücken die hohen Wohnungsmarktanteile in den Großwohnsiedlungen den Anteil der Ein- und Zweifamilienhäuser deutlich nach unten. Dieser liegt in Frankfurt (Oder) im Jahr 2003 nur bei 13,9 Prozent und in Cottbus bei 17,5 Prozent – dies entspricht in etwa nur einem Drittel des Landesdurchschnitts. In Cottbus wurde, im Gegensatz zu Eberswalde, im Zeitraum 1995 bis 2003 eine deutliche Steigerung des Anteils an Ein- und Zweifamilienhäusern sichtbar.

Während die Städte des Städtekranzes in den 1990er Jahren durch einen generellen Bevölkerungsschwund geprägt waren, nahm gleichzeitig der Wohnungsneubau kontinuierlich zu. Zu erheblichen Anteilen ist dieses auch in den untersuchten Städten der Sonderabschreibungswelle geschuldet. Die vorliegenden Indikatoren der Baufertigstellungen im Wohnungsneubau zeigen etwa im Jahr 2000 einen Wendepunkt an. Erst seitdem geht die Bautätigkeit vor allem in den kleinen Städten wie Jüterbog und Neuruppin deutlich zurück. Die Datenangaben für Luckenwalde erscheinen zweifelhaft, da die schleppende Anzahl an Baufertigstellungen der dynamischen Entwicklung der Ein- und Zweifamilienhäuser widerspricht. Die Zahl der Baufertigstellungen geht in den kreisfreien Städten Brandenburg an der Havel, Cottbus und Frankfurt (Oder) seit 2000 nicht so deutlich zurück wie in den kleinen Städten. Dies ist vermutlich mit dem anhaltenden Nachholbedarf in den größeren Städten insbesondere im klassischen Einfamilienhausbau zu erklären.

Das Missverhältnis zwischen Angebot und Nachfrage auf dem Wohnungsmarkt drückt sich auch im Städtekranz in steigenden Wohnungsleerstandsquoten aus. Diese liegt 2003 zwischen 19,4 Prozent in Luckenwalde und 5,0 Prozent in Neuruppin. Die vorliegenden Indikatoren zeigen eine anhaltende Steigerung des Leerstands zwischen 2000 und 2003 vor allem in den größeren Städten Cottbus und Eberswalde sowie auch in Luckenwalde. In Frankfurt (Oder) geht die Leerstandsquote im Jahr 2003 nach den vorliegenden Zahlen leicht zurück. Aus Neuruppin wird ein rückläufiger bis stagnierender Leerstand gemeldet, allerdings ist der Wert geschätzt. Ob in diesen Städten eine Trendwende im Leerstand eingesetzt hat, lässt sich mit den vorliegenden Indikatoren nicht feststellen. Hier sind auch die laufenden Wohnungsrückbauten im Rahmen des Programms Stadtumbau Ost zu berücksichtigen.

Der Wohnungsleerstand, die zunehmende Konkurrenz von Ein- und Zweifamilienhäusern und die wachsende Wahlfreiheit könnten auf freien und entspannten Wohnungsmärkten zu einem Rückgang der Mietpreise auch im Großwohnsiedlungsbestand führen. Aufgrund der Marktdominanz sowie der angespannten wirtschaftlichen Situation der meisten ostdeutschen Wohnungsgesellschaften und -genossenschaften bestehen hier aber kaum Spielräume. Zunehmende Bedeutung kommt den überproportional steigenden Neben- und Betriebskosten zu. Diese sind künftig von immer stärkerem Belang. Erwartungsgemäß zeigt der Indikator der Nettokaltmiete einer vollsanierten Plattenbauwohnung des größten kommunalen Unternehmens insgesamt stagnierende Mietpreise zwischen 2000 und 2003. Diese liegen zwischen 4,00 und 5,10 Euro pro Quadratmeter. In Cottbus und Eberswalde liegen die Mietpreise mit 5,10 Euro je Quadratmeter an der Spitze der untersuchten Städte. Trotz einer zu vermutenden Beeinträchtigung der Lebensqualität durch große Leerstände, Wegzüge in der Nachbarschaft und zunehmende soziale Probleme in diesen Gebieten schaffen es die Wohnungsgesellschaften bisher, die Mietpreise stabil zu halten.

Die Datenverfügbarkeit ist im Bereich Bauen und Wohnen relativ hoch, allerdings weist sie bei den Brachflächen große Lücken auf und ist bei den Leerständen Verzerrungsmöglichkeiten durch die Erhebungsmethode ausgesetzt. Die Indikatoren für die Flächen lassen sich hinsichtlich der Lebensqualität nicht interpretieren. Insgesamt ergibt sich aus den vorliegenden objektiven Indikatoren kein vollständiges Bild über die Wohnqualität.

Durch die Trends des anhaltenden Wohnungsneubaus, des steigenden Anteils an Ein- und Zweifamilienhäusern sowie des strukturellen Wohnungsleerstandes haben die Wahlmöglichkeiten der Bewohner auf den städtischen Wohnungsmärkten deutlich zugenommen. Insofern müsste die städtische Wohnqualität eigentlich recht positiv bewertet werden. Die Mieten stagnieren, gehen aber nicht zurück. Im Vergleich der Wohnqualität zur DDR-Zeit ist die Wohnungsknappheit beseitigt. Gab es damals schlecht ausgestattete, normierte Wohnungen für symbolisch geringe Wohnkosten, so ist die städtische Wohnqualität heute durch gute Wohnstandards, ein Überangebot an Wohnungen und steigende absolute Wohnkosten gekennzeichnet. Auch wenn zum Erscheinungsbild der Städte keine Indikatoren vorliegen, besteht Anlass zu der Feststellung, dass sich die Wohnqualität durch die vielfältigen baulichen Maßnahmen in den letzten 15 Jahren deutlich verbessert hat. Dies sollte sich in einer relativ positiven Beurteilung der Bürger niederschlagen.

Folgende Sachverhalte wurden bewertet: die Qualität des Wohnungsangebotes, das Mietniveau, das Erscheinungsbild der Stadt, der bauliche Zustand von Gebäuden, Straßen und Plätzen und die Sauberkeit der Stadt.

Die Beurteilung der Qualität des Wohnungsangebots fällt erwartungsgemäß am besten aus. 57 Prozent der Befragten bewerten diese positiv. Dabei sind in Jüterbog mit 71 Prozent und Neuruppin mit 70 Prozent die meisten Befragten zufrieden. Die größte Unzufriedenheit mit der Wohnqualität besteht in Frankfurt (Oder). Hier zeigen sich nur 42 Prozent zufrieden.

Das Mietniveau bzw. die Wohnkosten werden im Städtekranz durchschnittlich von 47 Prozent als positiv bewertet. Auch hier zeigen sich die Jüterboger und Neuruppiner wieder am zufriedensten, während in Frankfurt (Oder) nur 28 Prozent der Befragten mit den Wohnkosten zufrieden sind. Im Bereich Wohnen deuten diese beiden Indikatoren auf einen dringenden Handlungsbedarf in Frankfurt (Oder) hin. Die Onlineumfrage 2004 zeigt auch, dass das empfundene Mietniveau bzw. die Wohnkosten nicht der Nettokaltmiete einer vollsanierten Plattenbau-

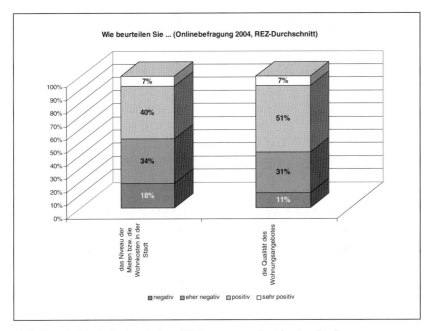

Abb. 24: Zufriedenheit mit dem Wohnungsangebot in der Stadt

wohnung des größten kommunalen Wohnungsunternehmens entspricht. So liegt die Unzufriedenheit mit den Wohnkosten in Cottbus (52 Prozent unzufrieden) und Eberswalde (56 Prozent unzufrieden) niedriger als bei den Personen in Frankfurt (Oder). Hier besteht mit 72 Prozent unzufriedenen Befragten die größte Unzufriedenheit, obschon die Wohnkosten sanierter Plattenbauwohnungen im Vergleich zu den anderen sechs Städten niedrig sind. Die Experten erklären diesen Widerspruch mit steigenden Betriebskosten, dem Vergleich mit den Wohnkosten zu DDR-Zeiten, aber auch dem Vergleich mit dem Umland und dem Verhältnis von Wohnkosten zum Haushaltseinkommen. Ferner werden die Kosten oft nicht ins Verhältnis zu den erhaltenen Leistungen gesetzt, teilweise werden die versprochenen Leistungen allerdings auch nicht erfüllt. Die seit einigen Jahren neu Zugezogenen bewerten die Kosten für das Wohnen am positivsten, also insbesondere diejenigen, die sich mit den Wohnungspreisen aktuell auseinandergesetzt haben. Die Qualität des Wohnungsangebotes wird hingegen vor allem von denjenigen besser beurteilt, die schon seit 30 Jahren in ihrer Wohnung leben.

Der beschriebene Wandel des Wohnungsmarktes bewirkt deutliche Veränderungen des Stadtbildes. Die enormen Bautätigkeiten und Aufbesse-
rungsmaßnahmen ließen eine hohe Zufriedenheit mit dem Erscheinungsbild und insbesondere dem baulichen Zustand der Stadt vermuten, doch
in den Befragungsergebnissen zur Wahrnehmung der Bürger schlagen sich
diese Veränderungen nicht nieder. Mit dem Erscheinungsbild der Stadt
sind insgesamt 48 Prozent der Bürger im Städtekranz zufrieden, 52 Prozent hingegen bewerten es negativ. Dahinter verbergen sich jedoch große
Unterschiede zwischen den Städten. Wiederum wird das Erscheinungsbild in Jüterbog (86 Prozent) und Neuruppin (85 Prozent), also den weniger von Leerstand und Stadtumbau betroffenen Kleinstädten, am besten
bewertet. Diese Ackerbürger- und früheren Garnisonsstädte zeichnen sich
durch einen hohen Anteil sanierter Altbaubestände in zentralen Bereichen
aus. In Neuruppin verstärkt die Lage am Wasser vermutlich die positive
Wahrnehmung des Erscheinungsbildes der Stadt. Am schlechtesten schneiden beim Erscheinungsbild die Städte Brandenburg an der Havel und
Eberswalde ab (jeweils nur 35 Prozent zufrieden).

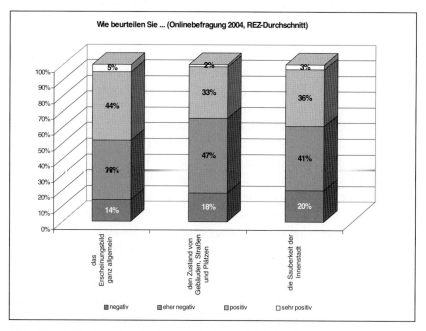

Abb. 25: Zufriedenheit mit dem Erscheinungsbild der Stadt

Nur in Brandenburg an der Havel bestehen widersprüchliche Bewertungen bezüglich des Erscheinungsbildes. Obgleich nach Meinung eines befragten Experten der Zustand von bedeutsamen historischen Gebäuden in der Innenstadt von Brandenburg an der Havel gut ist und gerne vorgezeigt wird, und viele der befragten Bürger außerordentlich stolz auf die historische Bausubstanz sind und diese als eine der größten Stärken der Stadt anerkennen, gibt es noch immer etliche Häuser in zentralen Lagen, die einen bedenklichen Zustand aufweisen. Vermutlich beruht die Bewertung auch darauf, dass *"die positive Entwicklung den Menschen vergleichsweise zu langsam"* geht. Die Wahrnehmung des Erscheinungsbildes von Frankfurt (Oder) und Cottbus wird durch die Bürger durchschnittlich bewertet.

Der bauliche Zustand der Gebäude, Straßen und Plätze wird fast durchgehend schlechter bewertet als das Erscheinungsbild der Stadt. Nur ein gutes Drittel aller Befragten (34 Prozent) ist mit dem Zustand der Gebäude, Straßen und Plätze im Städtekranz zufrieden. Insbesondere in den kleineren Städten zeigen sich hier große Diskrepanzen. Gründe dafür könnten Konflikte über einzelne bauliche Maßnahmen wie beispielsweise in der Stadt Brandenburg an der Havel sein oder aber eine Diskrepanz zwischen den Erwartungen der Bevölkerung und der tatsächlichen Umsetzung in den Städten. Bei der Bewertung des Zustandes der Gebäude, Straßen und Plätze schneiden Brandenburg an der Havel (21 Prozent zufrieden) und Eberswalde (23 Prozent zufrieden) am schlechtesten ab, während in Neuruppin (68 Prozent zufrieden) und Jüterbog (62 Prozent zufrieden) die Zufriedenheit der Bürger größer ist.

Die Bewertung der Sauberkeit der Stadt bewegt sich in der Regel nah am allgemeinen Erscheinungsbild. Mit der Sauberkeit sind insgesamt 39 Prozent der Befragten zufrieden. Nur in diesem Punkt schneiden Eberswalde mit 30 Prozent und Brandenburg an der Havel mit 31 Prozent Zufriedener auffällig schlecht ab. Die Sauberkeit wird erwartungsgemäß mit steigendem Alter kritischer bewertet. In Neuruppin bestehen große Abweichungen zwischen der Bewertung des Erscheinungsbildes und der deutlich als schlechter wahrgenommenen Sauberkeit.

Der deutliche Anstieg der Wohnfläche pro Person, die Zunahme an Ein- und Zweifamilienhäusern und damit der Wohneigentumsquote zeigen eine objektive Verbesserung der Wohnqualitäten im Städtekranz an. Bezüglich des Wohnungsneubaus und der Wohnungsleerstände zeichnet sich um das Jahr 2000 eine Trendwende ab. Seitdem sinken die Neubau-raten und steigen die Leerstandsraten in den meisten Städten. Steigende Wohnungsleerstände führen zu einer Verschlechterung des Erscheinungs-bildes der Städte. Der Indikator der Stadtbrachen steht leider bisher für eine objektive Beschreibung des Erscheinungsbildes nicht zur Verfügung. Man kann aber annehmen, dass die Zunahme von Brachflächen in der Stadt das Erscheinungsbild aus Bürgersicht eher negativ beeinflusst. Wohnen, Bauen und Erscheinungsbild der Städte werden durch die sub-jektive Sicht der Bürger insgesamt nicht so positiv bewertet, wie es die objektiven Indikatoren erwarten ließen. Die entspannten Wohnungsmärkte und die zunehmenden Wahlfreiheiten zwischen den Wohnungsangeboten als Kehrseite der wirtschaftsschwachen und schrumpfenden Städte wer-den kaum als Verbesserung der Lebensqualität in den Städten wahrgenom-men. Im Bereich Bauen und Wohnen scheinen die Handlungsmöglich-keiten der Städte zur Verbesserung der Lebensqualität inzwischen weit-gehend ausgereizt. Der Bau von Ein- und Zweifamilienhäusern innerhalb der Stadt stößt an Grenzen. Auch bei dem durch die Bürger besonders kri-tisch bewerteten Mietniveau haben die Städte höchstens indirekt über die kommunalen Wohnungsbaugesellschaften Möglichkeiten zur Intervention.

Die Wahrnehmung des Erscheinungsbildes der Städte korreliert deutlich mit der Zufriedenheit mit der städtischen Lebensqualität. Das Er-scheinungsbild der historischen Stadtkerne wurde in Jüterbog und Neu-ruppin als größte Stärke der Städte genannt. Diese Resultate untermau-ern die Bedeutung des baulichen Stadtbildes für die städtische Lebens-qualität. Gleichzeitig hat aber auch die landschaftliche Einbettung der Städte eine große Bedeutung. In Brandenburg an der Havel (mit weitem Abstand), in Eberswalde und Neuruppin zählen dies die Bürger zu den größten Stärken ihrer Städte (vgl. Kap. 4.8). Hinsichtlich des Erschei-nungsbildes könnte zumindest in den Städten Brandenburg an der Havel und Cottbus eine stärkere Imagepflege weiterhelfen. Das subjektive Bild der Bürger scheint hier schlechter zu sein als die objektive Situation und wird teilweise durch die Medien (z.B. das "Loch" in Brandenburg an der Havel) beeinflusst. Die Einschätzung der Sauberkeit hängt meist mit vie-len Faktoren zusammen und ist oft Ausdruck einer Unzufriedenheit auf ganz anderen Feldern.

**Exkurs I: Lebensqualität und Nachhaltigkeit – Indikator Wohnfläche**
Eine steigende Wohnflächenausstattung je Einwohner ist ein deutlicher
Indikator für eine Verbesserung der wohnbezogenen Lebensqualität der
Stadt. Im Hinblick auf diesen Indikator ist eine stark aufholende Entwicklung in Ostdeutschland und beinahe eine soziale Angleichung der Lebensverhältnisse zwischen West- und Ostdeutschland zu verzeichnen. In
Bezug auf die Nachhaltigkeit lässt sich dieser Indikator jedoch genau umgekehrt interpretieren. Eine steigende Wohnflächenausstattung pro Einwohner aufgrund einer verstärkten Nachfrage nach Ein- und Zweifamilienhäusern, einer Alterung der Wohnbevölkerung und einer Verkleinerung der Haushalte, führt bisher zu einer höheren Flächeninanspruch-
nahme durch Ausweisung neuer Wohngebiete in den Städten oder in den
Umlandgemeinden. Gleichzeitig steigt der Wohnungsleerstand im
Geschosswohnungsbau oder in den Großsiedlungen der Städte. Da die
Zahl der privaten Haushalte derzeit in den meisten ostdeutschen Städten
noch wächst und der Trend zur Alterung der Wohnbevölkerung einen
größeren Wohnflächenkonsum pro Kopf bewirkt, geht der Bevölkerungs-
rückgang in den Städten bisher noch mit einem – jedoch inzwischen ge-
bremsten – Siedlungsflächenwachstum in der Stadtregion einher. Dem
politischen Nachhaltigkeitsziel einer Verringerung des Siedlungs- und
Verkehrsflächenverbrauchs in der Bundesrepublik Deutschland wird
damit nur eingeschränkt entsprochen (FEST 2000: 22f.).

## 4.3 Sicherheit

Die Lebensqualität einer Stadt wird stark durch die Häufigkeit von Straftaten und das Sicherheitsempfinden der Bewohner geprägt. Nach einer
Studie des Bundesamtes für Bauwesen und Raumordnung hat der Schutz
vor Kriminalität für die Bewertung der Lebensbedingungen am Wohnort
bei den Bürgern die größte Bedeutung (BBR 2003b: 42). Entscheidungs-

---

14 Brandenburg besitzt gegenüber den anderen Flächenländern eine hohe Kri-
minalitätsbelastung, liegt im Vergleich der neuen Bundesländer aber hinter
Mecklenburg-Vorpommern mit 107 Straftaten je 1.000 Einwohner (Land
Brandenburg Landeskriminalamt (2004): www.mir.brandenburg.de, Juli 05).

träger der Städte haben somit die Möglichkeit die Lebensqualität zu erhöhen, indem sie kriminellen Handlungen vorbeugen und das Sicherheitsempfinden der Bürger erhöhen.

Die Kriminalitätsstatistik des Städtekranzes liegt mit 131 bekannt
gewordenen Straftaten je 1.000 Personen im Jahr 2003 deutlich über dem
Bundes- (79 Straftaten je 1.000 Einwohner) und Landesdurchschnitt (95
Straftaten je 1.000 Einwohner).[14] Die Tatsache, dass es sich bei den un-
tersuchten Städten um drei der vier größten Städte Brandenburgs und drei
Mittel- und Kleinstädte des Landes handelt, macht einen überdurchschnitt-
lichen Wert plausibel, denn üblicherweise liegt die Kriminalitätsrate in
Städten höher als in kleineren Gemeinden oder auf dem Land.

Die Zahl der bekannt gewordenen Straftaten konnte in allen untersuchten Städten fast vollständig erfasst werden. Man muss bei der Interpretation der Ergebnisse jedoch beachten, dass die reinen Zahlen bekannt
gewordener Straftaten weder eine Aussage zu der absoluten Anzahl (denn
nicht alle Straftaten werden zur Anzeige gebracht) noch zu der Schwere
und Art der Straftaten zulassen. Die Aufklärungsquote von Straftaten durch
die Polizei und eine mögliche Veränderung im Anzeigenverhalten der
Bürger haben Einfluss auf die Zahl bekannt gewordener Straftaten.

Die Kriminalitätsstatistik zeigt starke Unterschiede zwischen den
Städten. In den kleineren Städten, mit Ausnahme von Luckenwalde, werden weniger Straftaten bekannt. In der Kleinstadt Jüterbog werden 2003
86 Fälle je 1.000 Einwohner registriert. In den größeren Städten und Luckenwalde sind es über 120 Straftaten je 1.000 Einwohner im selben Jahr.
Im Vergleich zu Mitte der 1990er Jahre zeigen die kreisfreien Städte recht
stabile oder leicht verbesserte Werte für das Jahr 2003. Die Stadt Frankfurt (Oder) zeigt hohe Werte bekannt gewordener Straftaten (198 Taten
je 1.000 Personen), was auf die direkte Grenzlage der Stadt zurückzuführen sein kann. Auffällig ist ferner die Zahl der kriminellen Handlungen
in der Stadt Luckenwalde. In Luckenwalde ist für den genannten Zeitraum eine deutliche Verschlechterung erkennbar. Im Jahr 2003 steigt die
Zahl der Straftaten auf 145 je 1.000 Einwohner an. Die geringe Größe
der Stadt ließe eine geringere Zahl erwarten. Trotz großer Differenzen der
Höhe bekannt gewordener Straftaten zwischen den Städten und unterschiedlichen Entwicklungen im Laufe der untersuchten Jahre blieb das
Niveau des Straftatbestandes relativ stabil. Betrachtet man die Fallzahlen
krimineller Handlungen im Land Brandenburg, ist seit Mitte der 1990er

Jahre bis ins Jahr 2003 die Anzahl der bekannt gewordenen Straftaten um 20 Prozent gesunken. Parallel dazu ist die Aufklärungsquote im Land Brandenburg in den letzten Jahren deutlich gestiegen und lag im Jahr 2003 bei knapp 56 Prozent (www.mir.brandenburg.de, Juli 05).

Die hohen Zahlen bekannt gewordener Straftaten lassen eine recht große Unzufriedenheit insbesondere der Bürger von Frankfurt (Oder) und Luckenwalde erwarten. Weniger unzufrieden müsste die Bevölkerung von Jüterbog sein. Die Bürger kleiner Städte müssten mit der Sicherheit, auch bei Nacht zufriedener sein als die Bewohner der größeren Städte. Betrachtet man das tatsächliche Sicherheitsempfinden der Bevölkerung im Städtekranz, so erhalten alle Kommunen relativ schlechte Noten. Die Sicherheit der Stadt, auch bei Nacht, wird im Durchschnitt von nur 46 Prozent aller Befragten positiv beurteilt. Erwartungsgemäß fühlen sich die Bewohner größerer Kommunen unsicherer im Hinblick auf Straftaten als die Bürger der Kleinstädte. In den letztgenannten ist das Sicherheitsempfinden höher. Es folgt also wohl primär dem Gefühl, in einer Kleinstadt nicht so leicht Opfer einer Straftat werden zu können. Vor allem in Neuruppin zeigt sich ein höheres Sicherheitsempfinden als in den anderen Kommunen. Tatsächlich weist die Stadt Neuruppin im Jahr 2003 eine unter dem Durchschnitt der sieben Städte liegende Kriminalitätsrate (112 Straftaten je 1.000 Einwohner) auf. Anders stellt sich die Situation in der Stadt Eberswalde dar: Obwohl die Zahl der Straftaten in der Stadt im Mittelfeld liegt, ist die Zufriedenheit mit der Sicherheitslage in der Befragung von 2004 am niedrigsten. Auch in Jüterbog und Luckenwalde entspricht die Wahrnehmung der Bürger nicht dem realen Straftatbestand. Die geringe Anzahl bekannt gewordener Straftaten in Jüterbog ließe ein positiveres Urteil über das Sicherheitsempfinden erwarten, doch auch hier liegt das Sicherheitsempfinden kaum höher als in den übrigen Kommunen. Hier fühlen sich, wie in Luckenwalde, 52 Prozent der Befragten unsicher. In Luckenwalde hingegen hätte die hohe Zahl an Straffälligkeiten ein niedrigeres Sicherheitsempfinden der Bürger erwarten lassen als es zu beobachten ist. In den drei kreisfreien Städten sind 40 bis 45 Prozent der Befragten mit der Sicherheit ihrer Stadt zufrieden. Auch die hohe Zahl an Straftaten in Frankfurt (Oder) spiegelt sich nicht in einem höheren Unsicherheitsgefühl der Bevölkerung wider.

Nach Einschätzung der befragten Experten könnte ein Grund in der geringen Schwere und der Art der Straftaten (Eigentumsdelikte, Grenzkriminalität) liegen. Im Land Brandenburg ist der Großteil der Delikte (47 Prozent) im Jahr 2003 im Bereich des Diebstahls anzusiedeln. Bei knapp 14 Prozent handelt es sich um Vermögens- und Fälschungsdelikte, weitere 30 Prozent sind sonstige Straftatdelikte oder strafrechtliche Nebengesetze. Nur 11 Prozent sind Rohheitsdelikte bzw. Straftaten gegen die persönliche Freiheit, Straftaten gegen die sexuelle Selbstbestimmung oder gegen das Leben (www.internetwache-brandenburg.de, Juli 05). Als Ursache dafür, weshalb die Zunahme bzw. die absolut gesehen höhere Anzahl an bekannt gewordenen Straftaten nicht in der Wahrnehmung der Bürger zu Buche schlägt, wird von den Experten ferner die räumliche Eingrenzung der Straftaten genannt. Die Straffälligkeit verteilt sich räumlich nicht gleichmäßig über die Stadt, sondern findet an speziellen Orten z.B. den Grenzlagen statt. Darüber hinaus spielt für das Sicherheitsempfinden das Erscheinungsbild der Stadt eine Rolle. Durch Beleuchtung, Sauberkeit und Einsehbarkeit von Orten sinkt die Angst davor Opfer krimineller Verbrechen zu werden. Die Verbesserung des allgemeinen Erscheinungsbildes der Stadt beeinflusst das Empfinden. *"Nur wenige Stadtbereiche [...] werden als 'gefährliche' Bereiche wahrgenommen"*, so ein Experte. Die Sicherheitslage wird im Unterschied zu anderen Sachverhalten mit steigendem Alter schlechter beurteilt, obwohl mit steigender Wohndauer eine zunehmende Vertrautheit mit der Umgebung angenommen werden kann.

In einigen Städten zeigt sich also die bekannte Diskrepanz zwischen objektiver Entwicklung und subjektivem Sicherheitsempfinden. Allerdings bieten kleinere Städte meist tatsächlich höhere Sicherheit, und auch das Sicherheitsempfinden ist in diesen Städten höher als in den größeren Kommunen. Da der Sicherheit allgemein hohe Bedeutung beigemessen wird, nimmt diese vermutlich nicht unerheblichen Einfluss auf die allgemeine Bewertung von Lebensqualität.

## 4.4 Freizeit und Erholung

Der Bereich Freizeit und Erholung umfasst eine breite Palette von Angeboten. Neben Natur- und Landschaftspotenzialen für Naherholung und Freizeitgestaltung spielen Investitionen in eine entsprechende Infrastruktur, aber auch die Qualität und Quantität von Kulturangeboten (Theater, Kino, Vereine, Feste etc.) eine wichtige Rolle für die Freizeitgestaltung der Bewohner.

Im Bereich naturnaher Erholung und Freizeitgestaltung wurde in den letzten Jahren in erheblichem Umfang in die Infrastruktur investiert und diese ausgeweitet. Die Tourismusverbände in Brandenburg setzen derzeit stark auf das natürliche Potenzial der Städte und ihrer Umgebung. Die Eröffnung von Gartenlokalen, der Ausbau von Rad- und Wanderwegen, die Neugestaltung von Parks ebenso wie geführte Wanderungen verbessern das Angebot im Bereich Freizeit und Erholung und erhöhen damit vermutlich auch die Zufriedenheit der Bewohner. Die Investitionen flossen insbesondere in Infrastruktureinrichtungen und Dienstleistungen, die neben der Deckung des städtischen Bedarfs auch weitere Personenkreise anziehen sollen. Zum Beispiel sind der Bau der Fläming-Skate-Anlage oder die Errichtung von Thermal- und Freizeitbädern auf einen Einzugsbereich auch außerhalb der Kommune ausgerichtet. Man erhofft sich mit einer solchen Investition einen wirtschaftlichen Gewinn durch den Zuwachs an Touristen.

Daneben gibt es aber auch Einrichtungen, die in erster Linie der städtischen Bevölkerung dienen wie Kinos, Bibliotheken, Vereine und Jugendzentren. Hier wurde das Angebot in den letzten Jahren zum Teil zurückgefahren. Nimmt man die Städte Jüterbog und Luckenwalde als ein Doppelzentrum, wie es planerisch vorgesehen ist, so besitzen alle Zentren Sport- und Mehrzweckhallen, Stadien, Museen und Büchereien. In der Innenstadt von Cottbus ist derzeit kein Kino vorhanden.

Der Indikator kommunaler Ausgaben für den Bereich Kultur und Sport zeigt in den Städten, in denen Werte vorliegen, sehr unterschiedliche Angaben. Im Vergleich zum Jahr 1995 stiegen bis 2003 in Frankfurt (Oder) und Luckenwalde die Ausgaben für diesen Bereich. Sie liegen in diesen Städten wie auch in Cottbus bei rund 150.000 Euro je 1.000 Einwohner. In Neuruppin hingegen sanken die Ausgaben von einem höheren Ausgangswert von 1995 mit knapp 86.000 Euro auf etwa 53.000 Euro je 1.000 Einwohner im Jahr 2003. Allerdings flossen die Mittel nicht gleichmäßig, sondern der Aufwand hat mit den stadtspezifischen Aktivitäten zu tun. So ist ihre relative Höhe in Kleinstädten nicht unbedingt geringer als in größeren Städten. Der extrem hohe finanzielle Aufwand der Stadt Luckenwalde im Jahr 2000 ist auf den Bau und Unterhalt der Flämingtherme zurückzuführen. Die hohen Summen in den Jahren 2002 und 2003 der Stadt Frankfurt (Oder) ergeben sich auch aus den Vorbereitungen und der Durchführung des Stadtjubiläums.

Abb. 26: Platzgestaltung im Zentrum Frankfurt (Oder) (Foto: Baldauf)

Für die Luftgüte liegen nicht von allen Städten Angaben vor. Das liegt unter anderem an der Verteilung der Messstandorte. Nicht in allen sieben Kommunen wird der Luftgüteindex gemessen. In Eberswalde und Jüterbog sind keine Messstandorte vorhanden. Die erhobenen Daten zeigen für den Untersuchungszeitraum generell eine Verbesserung der Luftgüte. Sowohl in den größeren Kommunen wie Cottbus als auch in kleineren Mittelstädten wie Luckenwalde konnte insbesondere von 1995 bis 2000 die Qualität der Luft deutlich verbessert werden.

Die Daten konnten von den Kommunen vollständig geliefert werden. Bestehende Datenlücken resultieren aus der späten Einbeziehung des Indikators kommunaler Ausgaben für Kultur und Sport. Insgesamt kann das Spektrum der Angebotspalette im Bereich Freizeit und Erholung durch objektive Daten nur sehr punktuell wiedergegeben werden. Daher komplettiert die Onlinebefragung das Bild.

In der Wahrnehmung der Bürger erreicht das Themenfeld Freizeit und Erholung die größte Zufriedenheit. Lediglich mit dem Angebot an Freizeitmöglichkeiten für Jugendliche sind nur 19 Prozent der befragten

Bürger zufrieden. Das bestätigt die Ergebnisse überregionaler Erhebungen (siehe oben). Besonders positiv werden die Naherholungsmöglichkeiten (72 Prozent zufrieden) und das Angebot an innerstädtischen Parkflächen und Grünanlagen (64 Prozent zufrieden) eingeschätzt. Bei den offenen Nennungen werden häufig Landschaft und Umgebung als größte Stärke der Stadt genannt. Insbesondere in Neuruppin zeigt sich der hohe Stellenwert der natürlichen Umgebung für die Bewohner. Auch in Cottbus, Frankfurt (Oder) und Eberswalde nennen die Befragten, wenn sie die größte Stärke der Stadt beschreiben sollen, häufig die natürlichen Potenziale. Diese spielen für die Erholung, aber unter Umständen auch für die Zufriedenheit der Bewohner mit der Stadt eine entscheidende Rolle. In Brandenburg an der Havel führt das Hervorheben von Landschaft, Wasserreichtum und natürlicher Umgebung als Stärke der Stadt bei gleichzeitig nur mittelmäßiger Bewertung der Naherholungsmöglichkeiten zu einem paradoxen Bild. Diese Ambivalenz erklärt ein Experte damit, dass die Naherholungsmöglichkeiten als Potenzial für den Tourismus gesehen, die eigene Freizeit jedoch eher im Garten verbracht wird. Dass in Jüterbog und Luckenwalde die natürliche Umgebung nicht als besondere Stärke der Stadt hervorgehoben wurde, ist möglicherweise mit dem Fehlen von nahe gelegenen Seen und natürlichen Bademöglichkeiten zu begründen.

Abb. 27: Ruppiner See in Neuruppin (Foto: Helms)

Abb. 28: Nuthepark Luckenwalde (Foto: Rietdorf)

Freizeit- und Kulturangebote werden von den Bürgern des Städtekranzes gut bewertet. Relativ hoch ist die Zufriedenheit auch mit dem Angebot an Vereinen. 76 Prozent der befragten Personen registrieren ein zufrieden stellendes Angebot in den Städten. Die Qualität und Quantität von Veranstaltungen kultureller Art wird im Schnitt von 57 bzw. 55 Prozent aller Befragten positiv beurteilt. Obgleich anzunehmen ist, dass in Cottbus die Zahl der kulturellen Veranstaltungen die der Stadt Jüterbog übersteigt, bewerten sowohl die Bürger in Cottbus als auch die Bewohner Jüterbogs das Angebot überdurchschnittlich gut. Die Zufriedenheit hängt demnach nicht unbedingt mit der Stadtgröße zusammen. Dies liegt unter Umständen an dem mit sinkender Größe der Stadt abnehmendem Anspruchsniveau der Bürger. Das Urteil unterscheidet sich jedoch erwartungsgemäß dahingehend, dass in Cottbus größere Zufriedenheit bei der Häufigkeit, in Jüterbog mit der Qualität der Kulturveranstaltungen vorherrscht. Die Beurteilung der Freizeit- und Kulturangebote durch die Bürger ist nach Meinung einiger Experten stark durch den Vergleich mit und die Nähe zu Berlin beeinflusst. D.h., die Bürger von Cottbus vergleichen die Angebote in ihrer Stadt eher mit denen Berlins, die Bevölkerung von Jüterbog hingegen wird Berliner Theater oder Museen vermutlich eher als Ergänzung zu den örtlichen Angeboten betrachten.

Man kann annehmen, dass die Ausgaben für Kultur und Sport nicht ohne Einfluss auf die Zufriedenheit mit den kulturellen Veranstaltungen sind. Obwohl in Neuruppin wesentlich geringere finanzielle Aufwendungen für Kultur und Sport erfolgen als beispielsweise in Luckenwalde, unterscheiden sich die Urteile der Bevölkerung bezüglich der Häufigkeit und Qualität kultureller Veranstaltungen kaum voneinander. Das Angebot an Gaststätten und Kneipen wird von 68 Prozent der Befragten positiv beurteilt. Auch hier ergibt sich kein Zusammenhang mit der Einwohnerzahl. In Eberswalde und Luckenwalde erhalten die Lokalitäten schlechte Zufriedenheitswerte, in den anderen Kommunen sind die Bürger sehr zufrieden mit dem vorhandenen Angebot. Die negative Bewertung des Gaststätten- und Kneipenangebots wird in Luckenwalde nach Angaben eines Experten auf die mangelnde Qualität und teilweise durch die *"recht unfreundliche bzw. unpersönliche Bedienung sowie das schlechte Preis-Leistungs-Verhältnis"* erklärt. Wesentlich positiver wird das Angebot in den Kleinstädten Jüterbog und Neuruppin gesehen.

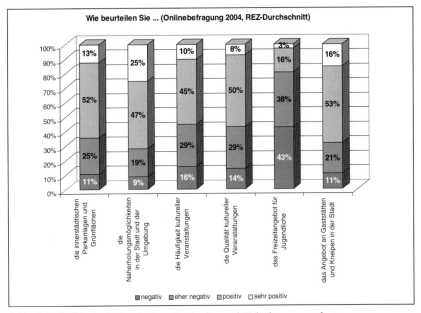

Abb. 29: Zufriedenheit mit den Freizeit- und Erholungsangeboten

Das Angebot an Gaststätten und Kneipen wird zwar von den Befragten im Alter von 15 bis 25 Jahren am besten bewertet, ansonsten gibt es aber einen Trend dahin, dass mit zunehmendem Alter das Urteil über das gastronomische Angebot der Stadt positiver ausfällt. Darüber hinaus scheint die Wohndauer das Urteil der Befragten zu verändern. Eventuell wurden (zu) hohe Erwartungen und Ansprüche von Personen, die in den letzten Jahren zugezogen sind, enttäuscht, denn diese bewerten das Angebot am negativsten. Die Zugezogenen gehören vermutlich der Gruppe der jüngeren Altersklasse an, so dass sie zu den kritischeren Personen bei der Befragung in Punkto Gaststätten und Kneipen zählen.

Die objektiven Daten zeigen eine leichte Zunahme bei den Ausgaben für Kultur und Sport bzw. in der Qualität der Luftgüte. Im Vergleich objektiver und subjektiver Indikatoren zeigt sich, dass sowohl die Einwohnerzahl der Stadt als auch die Höhe kommunaler Ausgaben für Kultur und Sport nicht auf die Beurteilung der kulturellen Veranstaltungen durch die Bürger schließen lässt. Unterschiedliche Anspruchshaltungen und Erwartungen der Bürger nehmen möglicherweise starken Einfluss auf das Urteil jedes Einzelnen. Zudem sprechen häufig bestimmte Angebote nur einen eingeschränkten Personenkreis an, so dass die Bewertung nach eigener Interessenlage ausfällt und gegebenenfalls nicht der tatsächlichen Angebotsvielfalt entspricht. Insgesamt ist die Zufriedenheit mit den Freizeit- und Erholungsmöglichkeiten recht hoch, so dass diese als weiche Standortfaktoren eine Bindungswirkung entfalten dürften.

## 4.5 Versorgung

Die Versorgungsqualität einer Kommune wird durch das Angebot an Konsumgütern, medizinischen Dienstleistungen sowie speziellen Angeboten für einzelne Bevölkerungsgruppen wie z.B. Senioren bestimmt. Vor allem die Versorgung mit materiellen Konsumgütern hat sich seit der Wende deutlich verbessert. Allerdings hat die Verkaufsfläche in einem Umfang zugenommen, dass sich die Versorgungsqualität daran nicht mehr sinnvoll messen lässt.

Mit dem Anteil der Anbieter überwiegend regionaler Nahrungsmittel auf dem Wochenmarkt wurde auf einen Nachhaltigkeitsindikator zurückgegriffen. Der Indikator sagt neben der ökologischen Bilanz der Produkte jedoch auch etwas über die Qualität und Frische der Produkte als ein Aspekt der Lebensqualität aus. In den meisten Städten, in denen diese Werte erhoben wurden, nahm der Anteil von Anbietern mit regionalen Nahrungsmitteln in dem Zeitraum 1995 bis 2003 ab. Mit einem Anteil von 63 bzw. 73 Prozent im Jahr 2004 ist die Versorgung mit regionalen Produkten in Cottbus und Neuruppin besonders hoch. Besonders gering war dieser Anteil mit weniger als 40 Prozent in Brandenburg an der Havel und Luckenwalde. Die Indikatoren sprechen nicht für eine Qualitätserhöhung der Wochenmärkte. Entsprechend dieses Trends wären in Brandenburg an der Havel und Luckenwalde negativere Urteile in Bezug auf die Angebote auf dem Wochenmarkt zu erwarten, in Cottbus und Neuruppin müssten die Bürger ein positives Urteil über den Wochenmarkt fällen. Insgesamt wird das Angebot auf dem Wochenmarkt von 54 Prozent der befragten Bürger positiv eingeschätzt. Besonders positive Ergebnisse erhalten tatsächlich die Wochenmärkte in Cottbus (76 Prozent zufrieden) und Neuruppin (66 Prozent zufrieden). Eine besonders negative Einschätzung erhält Eberswalde. In Frankfurt (Oder) nimmt die Zufriedenheit deutlich zu, nachdem ein Wochenmarkt neu eingerichtet worden ist.

Die Einkaufsangebote im Städtekranz werden, so zeigt die Onlinebefragung, von der Bevölkerung insgesamt als wenig attraktiv wahrgenommen. Obschon seit der Wende die Angebotspalette und die Verkaufsfläche trotz sinkender Einwohnerzahl und Kaufkraft enorm zugenommen haben, bewerten nur 38 Prozent der Befragten die Einkaufsmöglichkeiten der Innenstadt positiv, 63 Prozent sehen die Attraktivität der Innenstadt zum Einkaufen als negativ an. Das spiegelt auch die in den 1990er Jahren erfolgte Etablierung von Einkaufszentren in peripheren Lagen wider. Die Einkaufsmöglichkeiten in der Innenstadt werden von den mittleren Jahrgängen am kritischsten bewertet, die größte Zufriedenheit mit den Einkaufsmöglichkeiten zeigt sich bei den Senioren.

In der Stadt Frankfurt (Oder) zeigen sich die Bürger mit der Attraktivität des Einkaufens im Stadtzentrum überdurchschnittlich zufrieden. Nach Aussagen einiger Experten besitzt die Frankfurter Innenstadt einen hohen Anteil Verkaufsfläche. Diese erscheint möglicherweise in der Wahrnehmung der Bürger positiv, die Experten kritisieren hingegen den sich dadurch ergebenden Leerstand von Geschäften. In Cottbus hingegen ist die Qualität und Breite der Angebote in der Innenstadt nach wie vor nicht befriedigend. Hier fanden in den letzten Jahren viele Entwicklungen in der Peripherie statt. Dementsprechend schätzen die Befragten in

Cottbus die Möglichkeiten des innerstädtischen Einkaufens in ihrer Stadt nicht besonders. Nur 15 Prozent der Cottbuser bewerten die innerstädtischen Einkaufsmöglichkeiten als attraktiv. Cottbus hat *"[...] eine Reihe von Einkaufszentren und Versorgermärkten an den Stadträndern. Was fehlt ist ein innerstädtisches Angebot mit einem Branchenmix, der auch zum Verweilen, Flanieren, zum Aufenthalt in der Innenstadt einlädt".* *"Darüber hinaus sind die Angebote im mittleren und oberen Preissegment sehr rar".* So interpretiert ein Experte die Bewertung der Cottbuser. Immer mehr Discounter und Billiganbieter hielten Einzug in das Stadtzentrum. Nach Meinung eines Experten kann der Bedarf an langlebigen Konsumgütern wie Möbel, Textilien und Technik in der Cottbuser Innenstadt nicht ausreichend gedeckt werden. Diese Entwicklung verstärkt die Attraktivität der Shoppingcenter auf der grünen Wiese, aber auch die Angebotsvielfalt der Städte Berlin oder Dresden für die Cottbuser. Vermutlich fällt die Bewertung auch infolge der jahrelangen Diskussion um die Errichtung eines Einkaufszentrums in der Cottbuser Innenstadt so negativ aus.

Abb. 30: Innenstadt Cottbus (Foto: Stadt Cottbus)

Besser bewertet wird die medizinische Versorgung der sieben Kommunen. In Neuruppin erhält die medizinische Versorgung mit 85 Prozent zufriedenen Befragten die besten Urteile. Die Stadt ist für ihre Größe mit dem bestehenden Krankenhaus und den anschließenden medizinischen Versorgungseinrichtungen vergleichsweise gut ausgestattet. Eine schlechte Bewertung der Versorgung ergibt sich in Jüterbog und Luckenwalde. Hier sind 66 bzw. 67 Prozent der Befragten mit der medizinischen Versorgung unzufrieden. Ein Mangel an Ärzten und medizinischer Versorgung in diesen Kommunen wird durch die Experten bestätigt. Auch in anderen ländlichen Gemeinden und Kleinstädten ist häufig der Ärztebedarf nicht ausreichend gedeckt. Im Durchschnitt der sieben Städte liegt der Anteil zufriedener Bürger bei 67 Prozent.

Die Angebote für Senioren werden von 45 Prozent aller Befragten positiv bewertet. Bei der Beurteilung durch die Bürger zeigt sich ein deutliches Gefälle von der kleineren Stadt zur größeren Stadt. Die kritischsten Urteile erhalten die Kommunen Frankfurt (Oder) und insbesondere Cottbus. Die Angebote von Befragten werden mit steigendem Alter bis 65 Jahren schlechter eingeschätzt, aber gerade die älteren Personen ab 65 Jahren beurteilen das Angebot am positivsten.

Im Zuge der durchschnittlichen Alterung der Bevölkerung und Abwanderung ist eine Anpassung an den Bedarf bei gleichzeitiger Abdeckung von Mindeststandards auf kommunaler Ebene nötig. Gerade in peripheren Regionen gewinnt der Bereich der Versorgung mit Grundeinrichtungen und Gütern an Bedeutung. Die Ergebnisse der Datenerhebung und Befragung zeigen, dass sich die Städte in unterschiedlichem Maß diesen Anforderungen stellen müssen.

## 4.6 Mobilität

Mit Ausnahme von Jüterbog und Luckenwalde haben alle Städte Anschluss an das Bundesautobahnnetz. Während Neuruppin lediglich an eine Bundesstraße angeschlossen ist, sind die übrigen sechs Städte an mindestens zwei Bundesstraßen angebunden. Ebenfalls Neuruppin ist die einzige der sieben Städte, welche nicht unmittelbar von den zentralen Bahnhöfen Berlins bedient wird. Brandenburg an der Havel, Eberswalde und Frankfurt (Oder) sind zudem unmittelbar an das Hauptwasserstraßennetz angebunden. Mit Berlin Tegel und Berlin Schönefeld sind zwei internationale Flughäfen von allen Städten aus in vertretbarem zeitlichem Aufwand zu erreichen. Ferner haben die Städte Brandenburg an der Havel, Cottbus und Eberswalde eigene Verkehrslandeplätze.

Alle Städte weisen einen mehr oder minder gut ausgebauten öffentlichen Personennahverkehr auf. Brandenburg an der Havel, Cottbus und Frankfurt (Oder) besitzen zudem ein Straßenbahnnetz. Rad- und Fußwege wurden seit der Wende in weiten Teilen erneuert und ausgebaut. Alle untersuchten Städte weisen im Jahr 2003 ein weiteres Netz an öffentlichen Radwegen in der Stadt aus als noch im Jahr 1995. In Frankfurt (Oder) und Jüterbog konnte die Länge öffentlicher Radwege im Zeitraum von 1995 bis 2003 mehr als verdoppelt, in Eberswalde sogar nahezu verdreifacht werden. Der Anteil der Radwege an der Siedlungs- und Verkehrsfläche ist dagegen in Frankfurt (Oder), Luckenwalde und Neuruppin relativ gering. Die in den letzten Jahren leicht rückläufigen Anteile in Brandenburg an der Havel und Luckenwalde sind vermutlich dahingehend zu interpretieren, dass die Ausweitung der Siedlungs- und Verkehrsfläche u.a. durch Eingemeindungen den Anteil der Radwegelänge geringer ausfallen lässt.

Auch die PKW-Dichte je Einwohner nahm in den sieben Städten zu. Während 1995 etwa 450 von 1.000 Personen einen Personenkraftwagen besaßen, so sind es im Jahr 2003 etwa 510. Im Schnitt verfügt jeder Haushalt in den sieben Städten über mindestens einen PKW. Die PKW-Dichte hängt erwartungsgemäß mit der Stadtgröße bzw. dem Angebot an öffentlichen Verkehrsmitteln zusammen. In den kleineren Städten besitzen die Bürger im Durchschnitt mehr PKW als in den größeren Kommunen. Die Stadt Brandenburg an der Havel weist allerdings 2003 mit 471 PKW je 1.000 Einwohner eine geringe Dichte auf. Im Gegensatz dazu verzeichnet die Stadt Eberswalde im Jahr 2003 mit 555 PKW je 1.000 Einwohner die höchste Dichte. Insbesondere in den kleineren Städten Eberswalde und Neuruppin ist eine enorme Steigerung des PKW-Bestandes je Einwohner zu verzeichnen. In den letzten Jahren flachte die Zunahme jedoch deutlich ab.[15]

---

15 Die Anzahl der PKW enthält keine Mopeds und Motorräder, zudem kann es zu einer "Verfälschung" der Statistik kommen, wenn Großbetriebe oder Autoverleiher ihren Pool an Fahrzeugen in einer der untersuchten Städte zugelassen haben.

**Exkurs II: Lebensqualität und Nachhaltigkeit – Indikator PKW-Dichte**
Eine steigende PKW-Dichte kann in Bezug auf die Lebensqualität in einer auto-orientierten Gesellschaft wie der Bundesrepublik als ein Indikator für ein höheres Wohlstandsniveau der PKW-Besitzer gewertet werden. Häufig gilt ein Auto als Ausdrucksmittel sozialen Prestiges und ermöglicht ein stärker individualisiertes Mobilitätsverhalten. Der Besitz und die Benutzung eines Kraftwagens steigert also die individuelle Lebensqualität, solange diese Mobilitätsform freiwillig gewählt und nicht durch eingeschränkte ÖPNV-Angebote oder schlechte Erreichbarkeit von Einrichtungen erzwungen ist. Umgekehrt ist die mit einer höheren PKW-Dichte verbundene steigende Verkehrsdichte in den Städten aufgrund der bekannten Umweltbelastungen (Luftverschmutzung, Lärm, Flächenverbrauch) und Unfallgefährdungen sowie der Abhängigkeit von der nicht-erneuerbaren Ressource Erdöl sowohl als Einschränkung der Lebensqualität als auch als Gefährdung der Umwelt negativ zu interpretieren. Im Hinblick auf das Nachhaltigkeitsziel einer umwelt- und sozialverträglichen Mobilität werden eine Reduzierung des motorisierten Individualverkehrs und ein Ausbau des Öffentlichen Personennahverkehrs gefordert (FEST 2000: 28).

Die Zunahme der PKW-Dichte je Einwohner lässt eine negative Beurteilung des Verkehrsaufkommens in der Innenstadt erwarten. Eine stark wachsende PKW-Dichte ebenso wie eine hohe Anzahl an PKW je Einwohner in einer Stadt lässt eine höhere Unzufriedenheit mit dem innerstädtischen Stellplatzangebot vermuten. Die hohen PKW-Zahlen in Eberswalde und Neuruppin lassen eine höhere Unzufriedenheit der Bürger bei der Verkehrsbelastung erwarten als in den anderen Kommunen. Gleichwohl müsste die Zufriedenheit mit dem Verkehrsaufkommen in Brandenburg an der Havel am größten sein.

Das innerstädtische Verkehrsaufkommen und Stellplatzangebot der Städte werden insgesamt recht kritisch bewertet. Wird das Verkehrsaufkommen von nur 34 Prozent der befragten Bürger positiv bewertet, sind 39 Prozent der Befragten mit dem Stellplatzangebot zufrieden. Die Eberswalder beklagen tatsächlich einen erheblichen Mangel an Stellplätzen im Stadtzentrum. Auch die Belastung des Zentrums durch den Verkehr wird hier besonders deutlich. Dies entspricht der Annahme, resultiert aber vermutlich stark aus dem Bandstadtcharakter der Stadt. Die Zunahme der PKW-Dichte auf einen hohen Wert in Neuruppin wird nicht in einer hoher Unzufriedenheit sichtbar. Im Gegenteil, die Verkehrsbelastung sowie das Stellplatzangebot werden überdurchschnittlich positiv von den Neuruppinern bewertet. Die Urteile der Brandenburger liegen etwa im Durchschnitt der sieben untersuchten Städte. Hier ist keine ausgesprochene Zufriedenheit zu bemerken. Deutlich zufriedener mit dem Verkehrsaufkommen waren hingegen die Bürger von Frankfurt (Oder) und Luckenwalde. Das Parkplatzangebot in der Innenstadt wurde insbesondere von den Befragten in Luckenwalde positiv bewertet. Dass die erwartete und gemessene Wahrnehmung der Bürger nicht komplementär verlaufen, kann verschiedene Ursachen haben: Hinter einer Zunahme der PKW-Dichte je Einwohner kann sich bei insgesamt abnehmender Bevölkerungszahl tatsächlich eine Abnahme des PKW-Verkehrs in der Stadt verbergen. Die Straßenführung bzw. Verkehrsberuhigungsmaßnahmen beeinflussen vermutlich des Weiteren nicht unerheblich das Bild der Bürger. Ebenso besagt eine hohe PKW-Dichte nichts über die Anzahl an Stellflächen für den ruhenden Verkehr.

Das Radwegenetz müsste sich aufgrund der teils enormen Zunahme des Angebots positiv auf die Einschätzung der Befragten auswirken. Die Radfahrerfreundlichkeit der Stadt werten jedoch nur 34 Prozent aller Befragten als zufrieden stellend. Auch hier gibt es leichte Schwankungen zwischen den Kommunen. In Frankfurt (Oder) ist aus der Sicht der Befragten das Radfahren weniger angenehm als insbesondere in Luckenwalde. Auch Cottbus und Neuruppin sind nach Angaben der Bürger radfahrerfreundliche Städte. Die objektiven Daten bescheinigen der Kleinstadt Jüterbog ein starkes Wachstum der Radwege wie einen hohen Anteil der Radwegelänge je Siedlungs- und Verkehrsfläche. Demnach müsste bei den Jüterbogern besonders hohe Zufriedenheit herrschen. Das dies nicht der Fall ist, liegt vermutlich daran, dass viele der ausgebauten öffentlichen Radwege außerhalb des zentrums- und wohnortsnahen Bewegungsfeldes liegen. Der Ausbau des Netzes fand und findet zu großen Teilen in den für Tourismus und Naherholung bedeutsamen Randbereichen statt, so dass die täglichen Fahrten der Wohnbevölkerung von der Ausweitung des Netzes gegebenenfalls wenig betroffen sind. Dass mit 58 Prozent der Bürger in Luckenwalde die höchste Zufriedenheit mit den örtlichen Bedingungen für den Radfahrverkehr besteht, spiegelt sich nicht in den objektiven Daten zur Radwegelänge wider. Vielleicht fand die erfolgte Ausweitung des Radwegenetzes hier stärker im Stadtzentrum oder in den Wohngebieten, und damit direkt für die Wohnbevölkerung erfahrbar, statt. Die geringere Belastung durch den motorisierten Verkehr kann jedoch auch zu einem positiveren Urteil über die Qualität und Sicherheit der Radwege führen.

Deutlich zufriedener sind die Bürger mit der Fußgängerfreundlichkeit ihrer Kommune und dem Angebot an Bussen, Bahnen und Straßenbahnen. Der ÖPNV wie auch die Fußgängerfreundlichkeit der Stadt werden von 65 Prozent aller Befragten positiv gewertet. Erwartungsgemäß ist die Zufriedenheit mit dem ÖPNV bei den Jüterboger Kleinstädtern geringer als in den anderen sechs Städten. Das gute Angebot des öffentlichen Personennahverkehrs aufgrund der einfachen Erschließung einer Bandstadt bzw. der zusätzliche Einsatz von Straßenbahnen und Oberleitungsbussen schlägt sich in der positiven Bewertung der Bürger von Eberswalde und Frankfurt (Oder) nieder. Die Fußgängerfreundlichkeit wird mit Ausnahme von den Bewohnern Eberswaldes in den kleineren Städten besser bewertet als in den größeren Städten. Dort kreuzen sich zwei stark befahrene Bundesstraßen in der Innenstadt, wodurch sie stark vom durchfahrenden Verkehr belastet ist.

Abb. 31: Fläming Skate bei Jüterbog (Foto: Stadt Jüterbog)

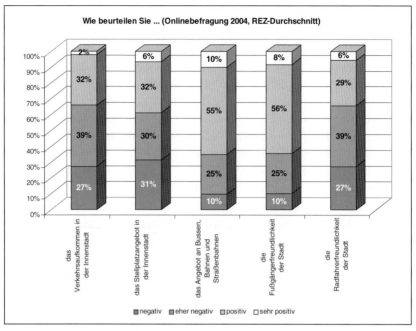

Abb. 32: Zufriedenheit mit der Mobilität

Sowohl das Verkehrsaufkommen als auch das Angebot an öffentlichem Nahverkehr wird von der großen Gruppe der 25- bis 65-Jährigen besonders kritisch gesehen. Obgleich die Gruppe der Rentner das Angebot besser bewertet, sind diejenigen, die länger in der Stadt wohnen, weniger mit dem Angebot zufrieden. Insbesondere die Gruppe derer, die seit mehr als 35 Jahren in der Stadt wohnt, äußert sich kritischer. Anders verhält es sich mit der Bewertung der Fußgänger- und Radfahrerfreundlichkeit. Je älter die Befragten, desto schlechter wird der unmotorisierte Individualverkehr bewertet. Am schlechtesten beurteilen ihn diejenigen, die besonders lange vor Ort wohnten. Auch das Stellplatzangebot für PKW in der Innenstadt wird von den älteren Befragten ab 50 Jahren negativer eingeschätzt. Hier spiegelt sich das Verkehrsverhalten der Altersgruppen wider.

Bei der Onlinebefragung zeigt sich die Ambivalenz des Bereichs Mobilität. Die Analyse der Indikatoren demonstriert die Gleichzeitigkeit der Zufriedenheit mit dem Angebot bestimmter Mobilitätsformen und der negativen Beeinflussung der Lebensqualität anderer Personen. So ist die wachsende Mobilität durch eine gestiegene PKW-Dichte zugleich ein Hinweis auf zunehmende Gefahren für andere Verkehrsteilnehmer und steigende Lärm- und Verkehrsbelastungen in den Städten.

Insgesamt scheinen die verkehrliche Infrastruktur und das Verkehrsaufkommen in allen untersuchten Städten nicht besonders zufrieden stellend zu sein. Insbesondere die Auswirkungen der Mobilität, die in Zusammenhang mit dem PKW-Aufkommen verbunden sind, werden schlecht beurteilt. In Punkto Mobilität scheint insgesamt gesehen die Lebensqualität in Luckenwalde und Neuruppin etwas besser zu sein als in den anderen Städten. Angesichts der Widersprüchlichkeit des motorisierten Individualverkehrs und hoher Unzufriedenheit stehen die Städte vor großen Herausforderungen, da zukünftig sowohl eine Mindestversorgung insbesondere in den peripheren Gebieten als auch ein angemessenes Mobilitätsangebot für die älteren Menschen aufrecht erhalten werden müssen.

## 4.7 Partizipation

Städtische Lebensqualität wird auch bestimmt durch die Partizipationsmöglichkeiten der Bürger an Entscheidungen der Stadtpolitik. Unter anderem drückt die Wahlbeteiligung aus, wie die Bürger ihre Handlungs- und Gestaltungsmöglichkeiten in der Kommune wahrnehmen. Allerdings ist der direkte politische Einfluss für relativ wenige Menschen eine wichtige Determinante des Wohlbefindens.[16] Es wurde festgestellt, dass die Wichtigkeit des politischen Einflusses von der Wahrnehmung von Defiziten in diesem Bereich abhängt. Je mehr Defizite wahrgenommen werden, desto wichtiger wird die Einflussnahme auf diesen Bereich eingeschätzt (Mohr 1984: 161f.). Die Wahlbeteiligung lag 2003 im Städtekranz mit Anteilen zwischen 28 und 48 Prozent sehr niedrig. Der Landesdurchschnitt betrug bei den Kommunalwahlen 2003 rund 46 Prozent (www.lds-bb.de, August 2005). Nur die Städte Brandenburg an der Havel und Jüterbog erreichten eine Wahlbeteiligung von mehr als 40 Prozent. Die Stadt Cottbus kam auf nur 28 Prozent und weist so mit Abstand die niedrigste Wahlbeteiligung auf. Sowohl die Anteile der Wahlberechtigten, die 2003 zur Urne gingen, als

---

16 Jüngere, besser Gebildete und Männer empfinden die politischen Einflussmöglichkeiten am bedeutendsten. Bei diesen Gruppen ist entsprechend auch die politische Beteiligung höher (Mohr 1984: 161f.).

auch die rückläufige Entwicklung seit 1993 deuten auf eine große Unzufriedenheit bezüglich der politischen Verhältnisse und das Gefühl hin, keinen Einfluss auf das politische Geschehen nehmen zu können. Die Höhe
der Wahlbeteiligung steht in keinem Zusammenhang mit der Stadtgröße,
sondern scheint vor allem von der Arbeit der Kommunalpolitiker abzuhän-
gen. Eine Ausnahme bildet die Kommunalwahl im Jahr 1998. Weil diese
mit der Bundestagswahl zusammenfiel, war die Beteiligung in diesem Jahr
ungewöhnlich hoch. Sie lag in allen Städten bei über 70 Prozent. Immer
häufiger wird das Nicht-Wählen zum Ausdruck schlechter Kommunikation zwischen Bürgern und Politik auf kommunaler Ebene.

Der Indikator Anteil der Frauen im Kommunalparlament liefert zusätzliche Hinweise auf die Gleichberechtigung von Mann und Frau im Zu-
gang zur Lokalpolitik und damit zu Entscheidungen über Zukunftsfragen.
Der Anteil der Frauen im Kommunalparlament lag 2003 in den sieben untersuchten Kommunen zwischen 19 und 36 Prozent. Lediglich in Frankfurt (Oder) und Luckenwalde gehörte im Jahr 2003 etwa jeder dritte Sitz
einer Frau. Obschon derzeit von den sieben Städten drei von Bürgermeis-
terinnen regiert werden, sind Frauen in der Kommunalpolitik noch deutlich unterrepräsentiert. Der Städtekranz steht allerdings im Vergleich zu den
übrigen Kommunen des Landes Brandenburg nicht schlechter da. 22 Prozent der Sitze in den Kommunalparlamenten gehören Frauen (ebda.).

Die Onlinebefragung zeigt im Städtekranz eine insgesamt unzufrie-
dene Haltung gegenüber der Stadtpolitik, aber auch gegenüber der Stadtverwaltung. Plausibel wäre die Annahme, dass die Höhe der Wahlbeteiligung eine Entsprechung in der Zufriedenheit mit der Arbeit der politisch
Verantwortlichen finden würde. Im Durchschnitt sind 24 Prozent der Befragten damit zufrieden. Tatsächlich bestätigt sich die Annahme in einigen Fällen. So zeigen sich die Brandenburger und Jüterboger entsprechend
ihrer relativ hohen Wahlbeteiligung zufriedener als der Durchschnitt der
Befragten. Die niedrige Beteiligung an der Kommunalwahl in Cottbus findet ihre Entsprechung in der größten Unzufriedenheit der Bevölkerung
mit der dortigen Stadtpolitik. In Cottbus und Brandenburg an der Havel
haben sich in der politischen Spitze Veränderungen ergeben, ohne die Unzufriedenheit zu beseitigen: Während sich in Brandenburg an der Havel
die Zufriedenheit deutlich bessert, wenn auch auf einem schlechten Niveau verweilt, bleibt die Stimmung in Cottbus auf fast demselben Stand
wie im Vorjahr.

Während die Information über kommunale Angelegenheiten von immerhin 45 Prozent der befragten Personen positiv wahrgenommen wird, wird die Möglichkeit zur Beteiligung an kommunalen Entscheidungen (23 Prozent zufrieden), aber auch die Bürgernähe der Verwaltung (32 Prozent zufrieden) negativer bewertet. Befragungen zu diesem Themenfeld weisen jedoch im Allgemeinen eher schlechtere Ergebnisse aus.

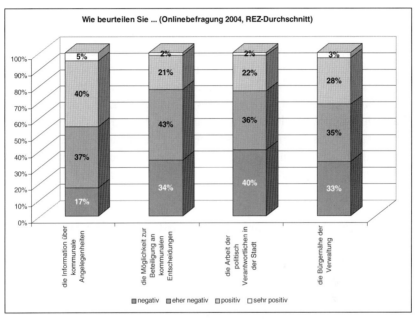

Abb. 33: Zufriedenheit mit der Stadtpolitik und -verwaltung

Die befragten Experten erklären sich die stabile Unzufriedenheit mit der Politik und Verwaltung durch die Stagnation der inhaltlichen Arbeit, das in Mitleidenschaft gezogene Vertrauen in die Rathausspitze, durch als falsch empfundene Personalentscheidungen und das Ausbleiben der praktischen Umsetzung von erarbeiteten Problemlösungsstrategien. Veränderungen seien für Außenstehende nicht wirksam geworden und hinzu komme die Kritik an zu viel Bürokratie, zu lange dauernder Bearbeitung von Vorgängen und mangelnder Einsatzbereitschaft. Die insgesamt vorwiegend negative Bewertung dieses Bereichs spiegelt vielleicht nicht allein eine große Unzufriedenheit in Punkto Partizipation wider, sondern sie ist möglicherweise auch Ergebnis von Unzufriedenheit und Unmut in einzelnen Lebensbereichen. Es ergibt sich dann eine Art "Doppelbewertung" die zu einem schlechteren Ergebnis führt, da nicht allein die Partizipation, sondern auch eine als defizitär empfundene Situation, die nicht von den politischen Verantwortlichen und der kommunalen Planung verbessert wurde, in die Bewertung einfließt.

Während die Einschätzung der Bürger keine Abhängigkeit mit dem Alter der Befragten aufweist, zeigt sich eine starke Unzufriedenheit bei den Personen, die schon seit mehr als 35 Jahren an ihrem Wohnstandort leben. Gleichwohl die Wahlbeteiligung sowie die Gleichberechtigung eher kommunal und nicht durch die Größe der Stadt bestimmt sind, zeigen die Ergebnisse der Onlinebefragung, dass grundsätzlich die Bürger der kleineren Kommunen mit der Arbeit ihrer Stadtpolitik und auch mit der Bürgernähe ihrer Stadtverwaltung zufriedener sind. Insbesondere der Informationsfluss über kommunale Angelegenheiten und die Möglichkeiten zur Beteiligung an kommunalen Entscheidungen werden von den Bürgern der kleineren Kommunen positiver bewertet als von den Bewohnern der größeren Städte.

## 4.8  Stärken und Schwächen der Städte aus Bürgersicht

Unsere Online-Umfrage 2004 Stichprobe (N=1.291) enthielt die offene Frage nach der größten Stärke bzw. der größten Schwäche der Stadt. Da die Bürger hierüber die Möglichkeit hatten, ohne Vorgaben freie Antworten zu den einzelnen Städten zu geben, kommt der Auswertung offener Nennungen ein besonderer Stellenwert für eine Stärken-Schwäche-Analyse aus Bürgersicht zu. Dabei zeichnen sich die unterschiedlichen Profile der Städte ab. Als wichtigste Stärke werden in den Städten Jüterbog und Neuruppin die historischen Stadtkerne genannt. In Frankfurt (Oder) und Cottbus sind es die Universitäten. In Brandenburg an der Havel und Eberswalde steht die Landschaft für die Bürger an erster Stelle, in Luckenwalde der Bereich Freizeit, Kultur und Sport. In allen sieben Städten zählen die Bürger die Arbeitsmarktdefizite zu den größten Schwächen der Städte. Lediglich in Cottbus nennen noch mehr Befragte an erster Stelle die Stadtverwaltung und erst an zweiter Stelle die fehlenden Arbeits- und Ausbildungsplätze. Die Unzufriedenheit mit der Arbeit der politisch Verantwortlichen und den Stadtverwaltungen wird jedoch auch in den anderen Städten Brandenburg an der Havel, Frankfurt (Oder), Jüterbog, Luckenwalde und Neuruppin artikuliert.

Als Stärke der Stadt *Brandenburg an der Havel* (N= 373) werden in der Befragung die landschaftliche Umgebung und der Wasserreichtum am häufigsten genannt. An zweiter Stelle steht der Tourismus. Der historische Stadtkern wird nur an dritter Stelle genannt. Das mit Abstand am häufigsten genannte Problem der Stadt (N= 366) sind fehlende Arbeits- und Ausbildungsplätze.

Als Stärke der Stadt *Cottbus* (N=152) werden die Universität und die Fachhochschule am häufigsten genannt. Das innerstädtische Grün rangiert als Stärke noch vor den landschaftlichen Attraktionen des Umlandes. Zu den Schwächen der Stadt (N=160) zählt die Mehrzahl der Befragten die Stadtverwaltung (was vermutlich durch lokalpolitische Konflikte und Blockaden in der Stadt zurück zu führen ist).

Als Stärke der Stadt *Eberswalde* (N=204) wird von den Bürgern in der Onlinebefragung die naturnahe Umgebung mit Abstand am häufigsten genannt. An zweiter Stelle steht der Tierpark. Das Stadtbild wird als Stärke nicht genannt. Als größte Schwächen der Stadt (N=213) werden fehlende Arbeitsplätze sowie Verkehrsprobleme gesehen.

Als Stärken der Stadt *Frankfurt (Oder)* (N=134) werden die Europa-Universität sowie die Nähe zu Osteuropa bzw. Polen am häufigsten genannt. Auch hier wird das Stadtbild nicht als Stärke der Stadt genannt. Als Schwäche der Stadt (N=235) wird die hohe Arbeitslosigkeit bewertet. Auch die Abwanderung von jungen Menschen wird in Frankfurt (Oder) als Problem besonders wahrgenommen.

Als Stärken der Stadt *Jüterbog* (N=96) werden von den Bürgern in der Online-Umfrage der mittelalterliche Stadtkern und das Ambiente der Stadt aufgeführt. Auch Tourismus und Kultur werden als Stärke gesehen. Arbeitslosigkeit und fehlende Ausbildungsplätze sind dagegen die Probleme der Stadt (N=89), die am häufigsten genannt wurden.

Als Stärken ihrer Stadt *Luckenwalde* (N=50) nennen die Bürger in der Online-Umfrage Freizeit-, Kultur- und Sportangebote. Mit der Nähe zu Berlin und Potsdam wird an zweiter Stelle eine Stärke hervorgehoben, die nichts direkt mit der Qualität in der Stadt zu tun hat. Fehlende Arbeits- und Ausbildungsplätze sowie die hohe Arbeitslosigkeit sind auch hier die am häufigsten genannten Schwächen (N= 58).

Als wichtigste Stärken der Stadt *Neuruppin* (N=109) werden von der Mehrzahl der Befragten die historische Altstadt, das Stadtbild, die Architektur sowie die naturnahe Umgebung und die Lage am Wasser genannt. Auch der Tourismus wird als Stärke der Stadt gesehen. Fehlende Arbeitsplätze und Arbeitslosigkeit sehen die befragten Bürger auch hier als größtes Problem (N= 109).

## 4.9  Die Bewertung der Lebensqualität allgemein

Die Bewertung der Lebensqualität allgemein ist der summarische Indikator für das subjektive Wohlbefinden in der Stadt. Zum einen erlaubt die Bewertung der allgemeinen Lebensqualität ein Ranking zwischen den Städten, zum anderen gibt ein Ranking der Lebensbereiche Auskunft über die größte (Un-)Zufriedenheit mit einzelnen Aspekten der städtischen Lebensqualität.

Insgesamt 51 Prozent aller Befragten beurteilen die Lebensqualität in ihrer Stadt als positiv, 49 Prozent als überwiegend negativ. In beiden Umfragejahren konnten die Städte Neuruppin (80 Prozent zufrieden) und Jüterbog (72 Prozent zufrieden) unter dem Gesichtspunkt der allgemeinen Lebensqualität ihre Spitzenstellung halten. Neben Neuruppin erhalten auch Brandenburg an der Havel und Luckenwalde bessere Gesamtbewertungen als im Vorjahr. Geringfügig schlechter schneiden dagegen Eberswalde und Frankfurt (Oder) ab. Die schlechteste Bewertung der allgemeinen Lebensqualität erhält die Stadt Eberswalde (37 Prozent zufrieden). Ebenso bewerten die Bewohner von Cottbus (46 Prozent zufrieden) und Frankfurt (Oder) (42 Prozent zufrieden) die städtische Lebensqualität eher zurückhaltend.

Die allgemeine Lebensqualität wird von der jüngsten und der ältesten Gruppe der Befragten am besten beurteilt, kritischer sind die mittleren Altersgruppen.[17] Neben der kritischen Bewertung der allgemeinen Lebensqualität der Stadt vermitteln auch die Einschätzungen zu den einzelnen Lebensbereichen eine hohe Unzufriedenheit der Bewohner in den Städten.

Vor allem die wirtschaftliche Lage wird von den Befragten in einer Weise beurteilt, die kaum negativer sein kann (vgl. Kap. 4.1). In diesen

---

17 Diese Verteilung zeigt sich jedoch auch bei etlichen anderen Studien, die Informationen über die Zufriedenheit von Bürgern liefern.

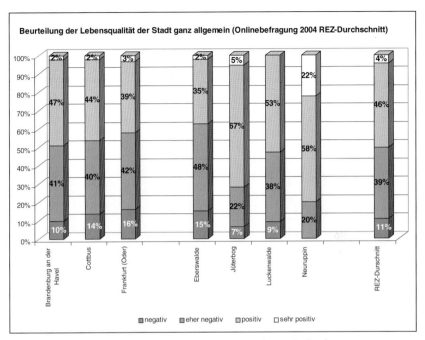

Abb. 34: Beurteilung der Lebensqualität allgemein nach Städten

Bewertungen werden die zentralen Schwächen der Lebensqualität in den Städten deutlich, sie färben vermutlich auf die Bewertung anderer Bereiche ab und beeinflussen das Gesamtbild. Allen voran das Angebot an Arbeits- und Ausbildungsplätzen und die Verdienstmöglichkeiten der Region erhalten in allen Städten schlechte Noten. Gesonderte Erwähnung bei den offenen Nennungen finden auch Folgeerscheinungen der Arbeitsmarktentwicklung wie Perspektivlosigkeit, Resignation und Lethargie der Bevölkerung und auf der anderen Seite Abwanderung der jungen und mobilen Bevölkerungsteile. Auch die Arbeit der politisch Verantwortlichen und der Stadtverwaltung in den untersuchten Städten wird recht negativ bewertet. Daneben schneiden bestimmte Aspekte der Mobilität schlecht im Urteil der Bevölkerung ab.

Die größte Zufriedenheit liegt im Bereich Freizeit und Erholung. Positiv werden ferner die medizinische Versorgung, die Qualität weiterführender Schulen, der öffentliche Nahverkehr und die Fußgängerfreundlichkeit der Städte gesehen.

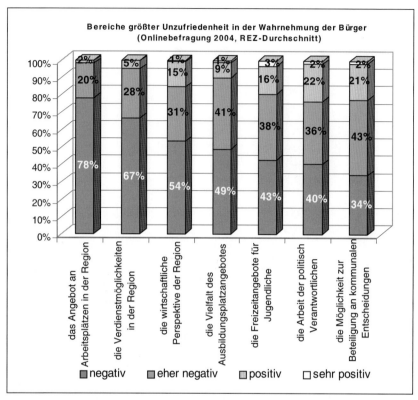

Abb. 35: Bereiche größter Unzufriedenheit in der Wahrnehmung der Bürger

Sowohl bei der Einschätzung von Einzelaspekten der städtischen Lebensqualität als auch bei der Zusammenschau der Lebensbereiche zeigten die Städte Neuruppin und Jüterbog die besten Ergebnisse. Dies stimmt auch in etwa mit den Wanderungssalden der Städte überein. Neuruppin weist in der Summe der Erhebungsjahre 1995, 2000, 2002 und 2003 den am wenigsten negativen Wanderungssaldo auf. Jüterbog folgt an dritter Stelle kurz hinter Luckenwalde. Umgekehrt bewerten die Bürger der Städte Eberswalde (64 Prozent unzufrieden), Frankfurt (Oder) (58 Prozent unzufrieden) und Cottbus (54 Prozent unzufrieden) die allgemeine Lebensqualität ihrer jeweiligen Stadt am niedrigsten. Tatsächlich sind die Summen der Wanderungssalden in Frankfurt (Oder) und Cottbus am negativs-

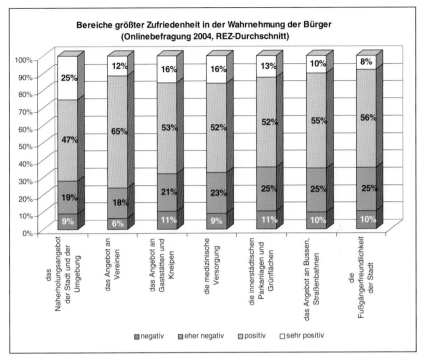

Abb. 36: Bereiche größter Zufriedenheit in der Wahrnehmung der Bürger

ten. Nur in Eberswalde drückt sich die hohe Unzufriedenheit der Bürger nicht in entsprechenden Abwanderungen in den Erhebungsjahren aus. Die Dynamik der Fortzüge geht hier seit 2000 sogar zurück. Dennoch lässt sich insgesamt zumindest in der Tendenz die These bestätigen, dass die Bürger mit ihren Füßen über die Lebensqualität in den Städten abstimmen.

Zur Messung der städtischen Lebensqualität ist der Wanderungssaldo ein Schlüsselindikator, da die so genannte *"Abstimmung mit den Füßen"* Ausdruck der Zufriedenheit bzw. der Unzufriedenheit der Bevölkerung mit den Lebens- und Arbeitsbedingungen ist. Hinter den Entscheidungen zur Ab- oder Zuwanderung stecken jedoch ganz unterschiedliche Motive der Bürger, die mit dem komplexen Ansatz der Lebensqualität erfasst werden können: Das wichtigste Motiv sind die arbeitsplatzbedingten Abwanderungen in prosperierende Städte und Regionen. An zweiter Stelle stehen die wohnungsbedingten Abwanderungen ins Umland der

Städte. Wie der Indikator Fortzüge innerhalb des Landes Brandenburg zeigt, geht seit dem Jahr 2000 die Dynamik der Wohnsuburbanisierung allgemein zurück. Auch hier geht das neue Jahrtausend offensichtlich mit einer Trendwende einher. In den Städten Brandenburg an der Havel, Jüterbog und Eberswalde konnte sich seit 2000 der Wanderungssaldo verringern und teilweise stabilisieren. In Cottbus und Frankfurt (Oder) nehmen die Wanderungsverluste seit 2002 ab.

In allen Städten wird die Entwicklung der letzten fünf Jahre weniger negativ gesehen als die perspektivische Entwicklung der nächsten fünf Jahre. In Cottbus wird sowohl die zurückliegende als auch die künftige Entwicklung der Stadt am schlechtesten eingeschätzt. Aber auch die Bewohner von Frankfurt (Oder) sehen die Entwicklung ihrer Stadt mit kritischen Augen. Die Bewertung der Entwicklung der letzten Jahre (Cottbus: 75 Prozent negativ, Frankfurt (Oder): 68 Prozent negativ) und der kommenden Jahre (Cottbus: 82 Prozent unzufrieden, Frankfurt (Oder): 75 Prozent unzufrieden) wird durch die Expertenbefragung wie folgt erklärt. *"Es liegt natürlich in der Hauptsache an den wirtschaftlichen Bedingungen. Abwanderung, Überalterung, Verschlechterung der Sozialstruktur, Perspektivlosigkeit. [...] Die schlimme Lage des Stadtbudgets verschärft den Eindruck, dass es abwärts geht. [...] Das trägt nicht gerade zur Popularität von Kommunalpolitikern bei. Dass in Cottbus nach einem jahrelangen politischen Streit nicht gelungen ist die Hauptprojekte für die Innenstadt, ein Einkaufszentrum und ein City-Kino, auf den Weg zu bringen, erhärtet die Meinung [...]".* Andere Experten bestärken diese Annahme. Die Unzufriedenheit der Cottbuser ist groß, *"[...] weil die Bürger die Entwicklung von vor über 10 Jahren und der nachfolgenden Jahre vergleichen". "Es sind in den letzten Jahren in Cottbus keine Akzente mit visuellen Wirkungen gesetzt worden".* Auch die Bürger von Frankfurt (Oder) sehen die Entwicklungsperspektive ihrer Stadt sehr negativ. Diese Bewertung wird von den Experten mit dem *"Platzen der Hoffnungsblase Chipfabrik"* begründet. Die wirtschaftliche Schrumpfung und die nicht als ausreichend wahrgenommenen Bemühungen der Politik verstärken diese Sichtweise.[18]

---

18 Die Einschätzung zur Entwicklung der Stadt in den letzten fünf und den nächsten fünf Jahren steht in Abhängigkeit zum Alter. Je älter die befragte Person, desto negativer wird die Stadtentwicklung bewertet. Die Gruppe der

Entsprechend der allgemein positiven Grundstimmung der Bevölkerung in Neuruppin bewerten diese die Entwicklungen am optimistischsten. Lediglich die Befragten in Luckenwalde sehen die vergangene und künftige Entwicklung positiver als die derzeitige Lebensqualität ihrer Stadt eingeschätzt wird.

Die Ergebnisse zeigen einen deutlichen Zusammenhang zwischen der Zukunftserwartung und der Entwicklung der Arbeitslosenrate der jeweiligen Stadt von 1995 bis 2003. Diese war in den letzten Jahren v.a. in Cottbus und Frankfurt (Oder) dramatisch gestiegen. Bei einer Steigerung um mehr als 50 Prozent in den Jahren 1995 bis 2003 sehen die Bürger auch die Zukunftsaussicht am stärksten verdunkelt. Die Arbeitslosenrate in Luckenwalde stieg hingegen im selben Zeitraum nur geringfügig an. Die Bewertung der künftigen Entwicklung der Stadt korreliert mit der Einschätzung zur wirtschaftlichen Perspektive. Diese zeigt allerdings noch einmal negativere Werte. Auch hier werden mit 3,5 bzw. 3,6 in Cottbus und Frankfurt (Oder) die negativsten Urteile erreicht. In Luckenwalde und insbesondere in Neuruppin sieht man die ökonomische Entwicklung vergleichsweise etwas weniger negativ.

Dass aber nicht allein die wirtschaftliche Entwicklung und die aktuelle Arbeitslosenrate für die Bewertung der Lebensqualität in der Stadt ausschlaggebend sind, zeigt unter anderem die Berechnung der statistischen Korrelationen zwischen der Beurteilung der allgemeinen Lebensqualität und der anderen Lebensbereiche durch die Bürger. Den stärksten Zusammenhang zeigt die Wahrnehmung der städtischen Lebensqualität mit der Einschätzung des Erscheinungsbildes der Stadt (.544 $tau_b$)[19]. Wie auch bei der Beurteilung der Lebensqualität allgemein sind die Neuruppiner und Jüterboger mit dem Erscheinungsbild ihrer Stadt am zufriedensten. Die bereits zitierte Befragung des Bundesamtes für Bauwesen und

---

Rentner jedoch gibt ein deutlich weniger kritisches Urteil ab. Die Perspektive der Stadt wird insbesondere von der Alterklasse der 15- bis 25-Jährigen besser bewertet. Vergleicht man die Ergebnisse je Wohndauer, so zeigt sich ein umgekehrtes Bild. Je länger die Person in der Stadt wohnt, desto schlechter wird die Perspektive der Stadt beurteilt. Hier kann man zu der Annahme kommen, dass die derzeitigen Entwicklungen im Vergleich zu früheren Stadtentwicklungen negativ ausfallen.

19 Berechnung nach dem Zusammenhangsmaß Kendall Tau-b.

Raumordnung bestätigt diesen Zusammenhang und zeigt, dass städtebauliche Gesichtspunkte wie die Attraktivität des Stadtzentrums, die Gestaltung bzw. Erhaltung von Gebäuden und das Straßenbild allgemein den größten Zusammenhang mit der Zufriedenheit der Bürger mit ihren lokalen Lebensbedingungen besitzen (BBR 2005: 3). Einen starken Zusammenhang zeigt auch die Einschätzung zur Entwicklung in den letzten fünf Jahren ($.562$ $tau_b$) und die Perspektive der Stadt für die nächsten fünf Jahre ($.503$ $tau_b$), ebenso wie die vergangene wirtschaftliche Entwicklung der Stadt ($.400$ $tau_b$). Dass der Zusammenhang mit dem Arbeits- und Ausbildungsplatzangebot und den Verdienstmöglichkeiten nicht so deutlich ausgeprägt ist, liegt vermutlich daran, dass diese Einschätzungen in allen Städten durchgehend negative Werte aufweisen.

Die Ergebnisse zeigen, dass unter den sieben untersuchten Städten die Kleinstädte mit historischem Zentrum die Gewinner in der Wahrnehmung der Lebensqualität durch die Bürger sind. Obgleich sich viele der objektiven Daten im Mittelfeld bewegen und auch die wirtschaftliche Entwicklung nicht auffällig besser war als in den anderen Kommunen, sind die Bewohner von Jüterbog und Neuruppin deutlich zufriedener. Auch mit den begrenzten Möglichkeiten in Kleinstädten lässt sich offenbar eine positive Grundstimmung erzeugen. Diese optimistischere Haltung färbt vermutlich auch auf die allgemeine Sichtweise der Stadtentwicklung ab.

# 5 Zusammenfassung, Anwendungsempfehlungen und Ausblick

Im Folgenden werden die methodischen und inhaltlichen Ergebnisse des Projektes Lebensqualität in Klein- und Mittelstädten zusammenfassend dargestellt und anschließend Handlungsempfehlungen für die Anwendung des Berichtssystems gegeben.

## 5.1 Zusammenfassung der Ergebnisse

Im Hinblick auf die Methodik lassen sich folgende Ergebnisse zusammenfassen:

1. Das Berichtssystem ist bei den Anwendern des Städtekranzes sowohl seitens der Stadtverwaltung wie auch der kommunalen Politik auf hohes Interesse gestoßen. Begründet wird dies u.a. damit, dass die Lebensqualität als Standortfaktor zunehmend an Bedeutung gewinnt. Der integrierte Ansatz findet angesichts der Vielzahl sektoraler Berichtssysteme Anklang. Darüber hinaus fehlt den Stadtverwaltungen bisher ein regelmäßig einsetzbares und mit anderen Städten vergleichbares Instrument, um die Wahrnehmung der Bürger zur Stadtentwicklungspolitik reflektieren zu können. Zudem liegt mit der Onlinebefragung ein zeitgemäßes und in der Stadtpolitik vermittelbares Instrument vor.

2. Strukturelle Schwierigkeiten, die bei der Erhebung der erforderlichen objektiven Daten auftraten, wurden gemeinsam weitgehend beseitigt oder es wurde durch eine Anpassung des Instruments darauf reagiert. Im Ergebnis des Forschungsvorhabens wird ein einsatzbereites Instrument zur kontinuierlichen Messung der Lebensqualität zur Verfügung gestellt. Den beteiligten Kommunen wird ein Handbuch in Form einer CD-Rom zur Implementierung des Systems zur Verfügung gestellt.

3. Die Integration eines praktikablen Sets objektiver Indikatoren und subjektiver Daten im Rahmen eines Beobachtungsinstrumentes hat sich bewährt.

4. Die Methode der Onlinebefragung zum Thema Lebensqualität stößt in Mittelstädten auf ausreichend Resonanz, um eine solide Datenbasis für ein Berichtssystem zu liefern. Auch die Daten zu den objektiven Indikatoren können in Mittelstädten bereitgestellt werden. In

Kleinstädten bedarf die Onlinebefragung einer besonders intensiven Öffentlichkeitsarbeit, um eine ausreichende Anzahl von Bürgern als Teilnehmer zu gewinnen.

5.  Das Instrument der Onlinebefragung liefert eine gute und im Vergleich mit telefonischen Befragungen recht stabile Grundlage für Aussagen zur Entwicklung der Lebensqualität. Es ist relativ einfach zu handhaben und damit für Mittelstädte deutlich leichter einsetzbar als teure und methodisch aufwändigere Formen der Befragung.

6.  Die erhobenen Daten sind von ausreichender Qualität. Das Erhebungsinstrument lässt sich durch Abwehrmechanismen und Plausibilitätsprüfungen ausreichend vor Zugriffen schützen, welche die Ergebnisse bewusst oder ungewollt verfälschen würden.

7.  Mit der Onlinebefragung wird keine Repräsentativität im statistischen Sinn erzielt. Allerdings haben die Aussagen der relativ zur Gesamtbevölkerung jüngeren und besser gebildeten Befragten zur Beurteilung der Wahrnehmung von Entwicklungstendenzen eine hohe indikative Relevanz, da diese Zielgruppen auf Entwicklungen sensibler und kritischer reagieren.

Im Hinblick auf die wichtigsten inhaltlichen Ergebnisse lassen sich folgende Punkte zusammenfassen:

1.  Der querschnittsorientierte Ansatz des Berichtssystems zur Lebensqualität erlaubt komplexe, ressortübergreifende Analysen der Stadtentwicklung, welche die einzelnen Qualitäten des Arbeitens, des Wohnens, der Naherholung, der Versorgung der Städte usw. zueinander in Beziehung setzen. Unter den aktuellen politischen Rahmenbedingungen kommunaler Haushaltseinsparungen bzw. Finanznotlagen der Städte und zurückgehender Fördermittel aus EU, Bund und Ländern gewinnen ressortübergreifende Strategien und Ansätze perspektivisch an Bedeutung. Durch die Querschnittsorientierung des Berichtssystems Lebensqualität kann eine "Ressort-Blindheit" gegenüber externen Entwicklungstrends (z.B. des Städtebaus gegenüber sozialen und ökonomischen Prozessen) vermieden werden. Schwächen des querschnittsorientierten Ansatzes liegen dagegen in der geringen Tiefe und Differenziertheit der Aussagen für die einzelnen Teilbereiche.

2.  Durch die Kombination objektiver und subjektiver Indikatoren konnten Übereinstimmungen und Diskrepanzen zwischen der objektiven

Datenlage und der subjektiven Wahrnehmung der Bürger ermittelt werden. In einigen Bereichen zeigen sich deutliche Abweichungen (z.b. Wohnkosten, Sicherheit), während in anderen Bereichen objektive und subjektive Indikatoren stark übereinstimmen (z.B. Arbeitsmarktlage).

3. Die Ergebnisse unserer Umfragen im Städtekranz bestätigen den Befund bundesweiter Befragungen, dass die subjektive Zufriedenheit der Bürger in den Städten Ostdeutschlands mit der Lebensqualität generell relativ gering ist (im Vergleich zu Westdeutschland). 49 Prozent sehen die allgemeine Lebensqualität in der Online-Umfrage 2004 als niedrig oder sehr niedrig an, lediglich 51 Prozent bewerten sie positiv. Dabei bestehen große Unterschiede zwischen den Städten: in Neuruppin und Jüterbog zeigen sich die Menschen am zufriedensten, in Frankfurt (Oder) sowie Luckenwalde am unzufriedensten. Zwar bestätigt sich auch in der Tendenz die Feststellung, dass die Bürger der Mittelstädte in vielen Lebensbereichen unzufriedener sind als die Bürger der Kleinstädte. Das Beispiel Luckenwalde zeigt jedoch, dass auch in relativ kleinen Städten die Unzufriedenheit groß sein kann.

4. Als größte Schwäche der Stadt werden von den befragten Bürgern in allen sieben Städten die Defizite des Arbeitsmarktes (Arbeits- und Ausbildungsplätze, Einkommensmöglichkeiten) genannt. Die Stärken der Städte in Bezug auf die Lebensqualität sehen die Bürger dagegen sehr ortspezifisch: während in Jüterbog und Neuruppin die historischen Stadtkerne an erster Stelle stehen, sind es in Brandenburg an der Havel und Eberswalde die landschaftliche Umgebung der Stadt. In Cottbus und Frankfurt (Oder) hingegen werden die Universitäten als größte Stärke der Städte hervorgehoben. Diese Stärken-Schwächen-Analyse auf der Grundlage der Umfrageergebnisse können wichtige Anhaltspunkte für kommunale Entwicklungsstrategien liefern, um die lokalspezifischen Stärken der Städte weiter zu stärken und ihre Defizite abzubauen.

## 5.2  Empfehlungen für die Anwendung

Bei der Erarbeitung und der Umsetzung des Konzepts zur Messung von Lebensqualität in Klein- und Mittelstädten anhand ausgewählter Indikatoren wurde mit den Verantwortlichen in den sieben Kommunen intensiv zusammengearbeitet. Eine zentrale Aufgabenstellung beim Design des

Berichtssystems bestand darin, es so zu gestalten, dass es für kleinere und mittelgroße Städte handhabbar ist. Das betraf sowohl die Auswahl der objektiven Indikatoren, die Anlage der Onlinebefragung und die Anforderungen, die an eine Auswertung der Daten gestellt werden. Hier sollen einige Hinweise gegeben werden, die auf unseren mehr als zweijährigen Erfahrungen sowie der Projektabschlussveranstaltung im August 2005 aufbauen.

## 5.2.1 Verständigung über die Zielstellung

Vor einer Implementation sollte ein interdisziplinäres Team aus Vertretern unterschiedlicher Ressorts die Anforderungen zusammentragen, die an ein kommunales Berichtssystem gestellt werden. Um die Handlungsrelevanz des Berichtssystems in den Städten zu gewährleisten und die Anlage von "Datenfriedhöfen" zu vermeiden, sollten sich die Auswahl von Indikatoren auf politische Ziele und Handlungsprogramme in der Stadt beziehen. Mit den Ergebnissen der objektiven und subjektiven Analysen können Defizite in der Zielerreichung der Stadtpolitik und die (Un-)Zufriedenheit der Bürger in den einzelnen Bereichen kritisch überprüft, aber auch die Erfolge der Lokalpolitik dokumentiert und veröffentlicht werden.

## 5.2.2 Festlegung der Adressaten

Die Adressaten des Berichtssystems müssen vor der Implementation bestimmt werden. Das Monitoring zur Lebensqualität kann bei kontinuierlicher Fortschreibung von Datenzeitreihen und Umfragenwerten als "Frühwarnsystem" oder zur verwaltungsinternen Erfolgskontrolle für Entscheidungsträger aus Stadtverwaltung und Stadtpolitik dienen. Fehlentwicklungen in einzelnen Bereichen können erkannt und ggf. korrigiert werden. Soll es mehr einer verwaltungsinternen Erfolgskontrolle dienen, dann steht die Kommunikation in die Verwaltung im Vordergrund. Möchte man hingegen die Bewohner in die Diskussion über Entwicklungstendenzen auf kommunaler Ebene einbeziehen, so müssen die Medien festgelegt werden, in denen die Ergebnisse veröffentlicht werden sollen. Wird das Internet gewählt, sind gegebenenfalls geeignete Formen der Interaktion mit den Bürgern zu entwerfen. Das zu Projektbeginn definierte Ziel einer "Anregung lokaler Kommunikation über die Stadtentwicklung" durch eine breite Beteiligung der Stadtbürgerschaft erscheint rückblickend als ein hoch gestecktes Ziel.

## 5.2.3 Bestimmung der Träger des Berichtssystems

Die institutionelle und personelle Zuständigkeit für das quer zu den Ressorts stehende Berichtssystem Lebensqualität sollte innerhalb der Stadtverwaltung genau festgelegt werden. Dies betrifft besonders die kleineren kreisangehörigen Städte ohne eigene Statistikstellen. Sinnvoll ist es, die Datenwege über eine zentrale Datenstelle zu bündeln. Über fachspezifische Auswertungen hinaus muss dann eine integrierte Auswertung erfolgen, die strategische Ableitungen für die Stadtentwicklungspolitik erlaubt. Es sollte vermieden werden, dass Basisdaten wie z.B. zur Demografie parallel für verschiedene Berichtssysteme aufbereitet werden, womöglich in unterschiedlicher Aggregierung, so dass sie untereinander nicht kompatibel sind. Die Notwendigkeit solcher Absprachen nimmt zu, da auf verschiedenen Feldern kommunalen Handelns Erfolgskontrollen als Wirkungsanalysen wichtiger werden. Das gilt nicht nur für die Verwendung von Fördergeldern aus europäischen Kassen, auch Bund und Länder stellen zunehmend Ansprüche, um anhand von Daten das Erreichen von Förderzielen zu überprüfen. Insbesondere kleinere Kommunen sollten diese Anforderungen bündeln, um die knappen personellen und finanziellen Kapazitäten optimal einsetzen zu können.

## 5.2.4 Festlegung eines "schlanken" Sets objektiver Indikatoren

Von Anfang an war dem Problem Rechnung zu tragen, dass viele wünschenswerte Daten nicht lieferbar waren, sei es, weil sie gar nicht erhoben wurden oder weil sie auf der räumlichen Ebene der Klein- und Mittelstädte nicht zur Verfügung standen. Da beim vorliegenden Berichtssystem die Indikatoren in einem diskursiven Prozess zusammen mit den Verantwortlichen auf kommunaler Ebene festgelegt wurden, sind keine von vornherein unerfüllbaren Anforderungen gestellt worden. Dies wird daran deutlich, dass es keinen Bereich gibt, in dem es nicht mindestens einer Kommune gelungen wäre, entsprechende Angaben zu machen. Andererseits ist es aber auch in keinem der Bereiche gelungen, die erforderlichen Daten für alle sieben Städte vollständig zusammen zu tragen.

Die Datenbeschaffung in Klein- und Mittelstädten hängt von vielen Unwägbarkeiten ab. Die Verantwortlichen müssen sich die benötigten Daten teilweise von Dritten innerhalb oder außerhalb der eigenen Kommunalverwaltung beschaffen und sind dabei auf deren Kooperationsbereitschaft angewiesen. Andererseits steht ihnen selbst oft zu wenig Zeit zur Verfügung, die mühsame Datenrecherche mit dem notwendigen Nachdruck zu verfolgen. Noch schwieriger wird es, wenn Primärdaten erhoben werden müssen.

Bei der Indikatorenauswahl sind solche Indikatoren zu bevorzugen, welche eine möglichst hohe Aussagekraft für die Stadt haben und gleichzeitig einen möglichst geringen personellen und finanziellen Erhebungsaufwand hervorrufen. Man muss also bei der Festlegung der Indikatoren immer aufs Neue eine schwierige Abwägung zwischen dem Erforderlichen und dem Machbaren treffen. Es dürfte sinnvoll sein, bei den fachlich Verantwortlichen auf die Bedeutung bestimmter Indikatoren hinzuweisen, die meist über ihren Einsatz bei der Messung von Lebensqualität hinausgeht. So ist es beispielsweise für eine kompetente Erörterung eines so brisanten Themas wie das der Berufsausbildung unerlässlich, Angaben zum Ausbildungsplatzangebot in der Stadt zur Verfügung zu haben. Dass es erhebliche Schwierigkeiten bereitet, das kommunale Steueraufkommen oder die Ausgaben für Kultur und Sport auszuweisen, dürfte sich auch bei anderen Steuerungs- und Planungsaufgaben negativ auswirken. Andererseits macht es auch wenig Sinn, um der Vollständigkeit Willen auf der Beschaffung bestimmter Daten zu beharren, da hierdurch nicht nur die Motivation der Verantwortlichen untergraben, sondern auch die Auswertung der Daten verzögert oder in Frage gestellt wird.

## 5.2.5 Durchführung der Onlinebefragung

Das Forschungsprojekt ist der Frage nachgegangen, ob eine Onlinebefragung von Bewohnern auch in Klein- und Mittelstädten eine sinnvolle und Erfolg versprechende Methode für ein kommunales Berichtssystem ist. Für Städte mit mehr als 30.000 Einwohnern lässt sich die Onlinebefragung unseren Erfahrungen zufolge empfehlen, für kleinere Gemeinden basieren die Ergebnisse notgedrungen auf sehr kleinen Fallzahlen. Über eine verstärkte Öffentlichkeitsarbeit zu der Befragung können aber auch hier höhere Fallzahlen erreicht werden. Befürchtungen, die Befragung könnte unseriöse Antworten provozieren, haben sich nicht bewahrheitet, im Gegenteil: die Qualität der Antworten war durchweg sehr hoch, die Befragten haben offenbar mit großem Interesse mitgemacht.

Erwartungsgemäß sind die Teilnehmer einer Onlinebefragung nicht im strengen Sinn repräsentativ für die Gesamtbevölkerung. Für ein Monitoring als Frühwarn- und Kontrollinstrument bietet die soziale Struktur der Onlinebefragten sogar Vorteile gegenüber einer statistisch repräsentativen Auswahl. Die Teilnehmer sind jünger, wirtschaftlich aktiver und kritischer, insofern repräsentieren sie eher die "Risikogruppe" der potenziell Abwandernden und weisen stärker auf Defizite und Fehlentwicklungen hin. Problematisch ist allenfalls die Unterrepräsentation der Frauen. Man kann aber annehmen, dass sich in der Zukunft die soziale Struktur der Teilnehmer weiter der Gesamtbevölkerung angleichen wird.

Im Rahmen der Onlinebefragung zwei offene Fragen nach der größten Stärke und dem größten Problem der Kommune zu stellen, hat sich bei unseren Testläufen sehr bewährt. Die Angaben eignen sich einerseits zur Qualitätskontrolle der Fragebögen, stellt doch eine sinnvolle und nachvollziehbare Antwort einen Indikator für eine konstruktive Beteiligung an der Befragung dar. Aufschlussreich sind die Antworten vor allem aber in inhaltlicher Hinsicht, da sie stärker als die Bewertung einzelner Bereiche kommunaler Wirklichkeit die jeweilige Befindlichkeit der Befragten widerspiegeln. Allerdings stellt die Auswertung solcher offenen Antworten etwas höhere Anforderungen hinsichtlich der Erfahrungen im Umgang mit Umfragen und ist auch recht zeitaufwendig.

Für die Durchführung sind seitens der Hardware keine besonders hohen Hürden zu nehmen. Es muss ein Server bereitstehen, der für die Laufzeit der Befragung ununterbrochen zur Verfügung steht und genügend Kapazität bereithält. Wichtiger ist die Betreuung der Befragung durch eine Person, die über genügend Kenntnisse im Umgang mit dem Internet und einfache Programmiersprachen verfügt, um den Fragebogen zu gestalten, auf der kommunalen Homepage zu platzieren sowie die verschiedenen Kontroll- und Schutzmechanismen zu installieren, die für die Abwehr unerwünschter Mails geeignet sind.

## 5.2.6 Auswertung durch ein interdisziplinäres Team

Ebenso wichtig ist die Sicherstellung einer qualifizierten Auswertung der Daten. Die Plausibilitätskontrolle und Zusammenstellung der Daten erfordert einfache Kenntnisse empirischer Verfahren. Mehr Erfahrung und Kenntnisse setzt die Interpretation der Daten voraus. Hier ist nicht nur das Wissen um die benutzten Begriffe und die Kenntnis der hinter den Zahlen stehenden Methoden Voraussetzung, sondern auch eine gute Kenntnis der städtischen Strukturen und des kommunalen Geschehens. Daher erscheint die Zusammenstellung eines interdisziplinären Teams für die Auswertung der Daten eine geeignete Form.

In diesem Team sollte ein Mitarbeiter aus dem Bereich der Kommunalstatistik vertreten sein. Hinzu sollten die fachlich angesprochenen Ressorts kommen, wobei es sich je nach Schwerpunktsetzung um das Bauressort, die Schulverwaltung, die Sozialverwaltung oder das Gesundheitsressort handeln kann. Auch Vertreter der Wirtschaftsförderung, der Abteilung für Tourismus oder Kultur und Sport sind angesprochen. Wer in der jeweiligen Kommune teilnimmt, sollte nicht nur von der fachlichen Kompetenz, sondern auch von der Motivation zur Mitarbeit an einem solchen Vorhaben abhängig gemacht werden. Der Bürgermeister sollte sich, möglichst auch personell, an dieser Arbeit beteiligen.

## 5.2.7 Einbeziehung von Experten

Das Verfahren, Gebietsexperten in einem gesonderten diskursiven Prozess analog der Delphi-Befragung in die Interpretation der Ergebnisse einzubeziehen, hat sich auf der Ebene von Klein- und Mittelstädten nicht bewährt. Die Bereitschaft zur Teilnahme war bei den kommunalen Experten geringer als erwartet, so dass eine Kommunikation der Experten untereinander mangels Masse nicht in Gang zu bringen war. Die Bereitschaft, jenseits der eigenen fachlichen Kompetenzen Urteile zu kommunalen Themen abzugeben, war oft nicht vorhanden und wo sie vorhanden war, fehlte tatsächlich mitunter die Kompetenz dazu.

Es sollte daher von Fall zu Fall geprüft werden, ob eine Einbeziehung von externen Experten in die Arbeitsgruppe, welche die Ergebnisse interpretiert, sinnvoll ist. Das kann dort, wo "kompetente Generalisten" gewonnen werden können, durchaus bereichernd sein.

Möglich ist auch die Beauftragung von Externen mit Vorbereitung, Durchführung und Auswertung des kommunalen Monitoringsystems. Allerdings sollten alle inhaltlichen Fragen gemeinsam erörtert und auch die Interpretation der Ergebnisse nicht einem externen Büro allein überlassen werden. Die Kosten der rein technischen Abwicklung einer Befragung dürften auch für kleine Kommunen tragbar sein.

### 5.2.8 Zwei- bis dreijähriger Erhebungsturnus

Die untersuchten Entwicklungen der Lebensqualität auf kommunaler Ebene dürften zwar teilweise einer gewissen Dynamik unterliegen, in der Regel darf man jedoch annehmen, dass sich weder die objektive Realität noch die subjektiven Wahrnehmungen in einem Tempo verändern, das eine jährliche Berichterstattung über die Entwicklung der Lebensqualität erforderlich machen würde. Eine Auswertung der objektiven Indikatoren und eine Durchführung der Onlinebefragung erscheint daher alle zwei bis drei Jahre sinnvoll.

### 5.3  Ausblick

In vielen ostdeutschen Städten werden derzeit kommunale Berichtssysteme zum Stadtumbau-Monitoring aufgebaut. Grundlage dieses Monitoring sind die "Integrierten Stadtentwicklungskonzepte", die sich bisher auf die Ressorts Städtebau und Wohnungswesen beziehen. Teilweise werden diese von den Länderministerien als Förderbedingung vorgegeben, teilweise entstehen sie aus kommunaler Initiative. In wenigen Städten werden lokale Nachhaltigkeitsberichte, die im Rahmen der Lokalen Agenda 21 in den 1990er Jahren initiiert wurden, heute noch fortgeführt. Dagegen gewinnen z.B. die kommunalen Wirtschaftsberichte in einigen Städten an Bedeutung. Die verschiedenen Berichtssysteme arbeiten teilweise mit den gleichen Indikatoren (u.a. in den Bereichen Bevölkerungsentwicklung, Wanderungen, Arbeitsmarkt, Wohnungsbau, Wohnungsleerstand). In der Regel werden im Stadtumbau- und Nachhaltigkeits-Monitoring nur objektive Indikatoren erfasst, die Wahrnehmung der Bevölkerung wird aus Kostengründen häufig nicht erhoben. Die Abschlussveranstaltung des Projektes Lebensqualität in Klein- und Mittelstädten hat gezeigt, dass seitens der Akteure aus den beteiligten Städten des Städtekranzes der Aufbau eines integrierten Berichtssystems zur Stadtentwicklung für grundsätzlich sinnvoll und notwendig erachtet wird. In der Diskussion wurde vorgeschlagen, verschiedene Module zu kombinieren: zum Beispiel ein Basis-Set objektiver Indikatoren mit der subjektiven Erhebung der städtischen Lebensqualität oder mit einem ergänzenden Set anders ausgerichteter Berichtssysteme (z.b. zur Nachhaltigkeit, zur kommunalen Wirtschaftsentwicklung). Offene Fragen zur Festlegung der stadträumlichen Maßstabsebene und des zeitlichen Erhebungsrahmens sind anwendungsnah zu klären. Mit der Integration zu einem Stadtentwicklungs-Monitoring wird der Gefahr vorgebeugt, dass sich die lokalen Akteure durch das Nebeneinander mehrerer Berichtssysteme überfordert fühlen. Zudem kann ein integriertes Stadtentwicklungs-Monitoring auch ein ausreichendes politisches Gewicht erreichen, das seine Chance erhöht, zu einer relevanten Grundlage für kommunale Entscheidungen zu werden.

# 6 Literatur

Arndt, Michael; Jähnke, Petra; Triller, Martina (1997): Brandenburger Städte definieren sich neu – Vom Städteforum zum Städtenetz. In: REGIO. Beiträge des IRS, Nr. 13, Erkner.

BBR – Bundesamt für Bauwesen und Raumordnung (Hrsg.) (2003a): INKAR. Indikatoren und Karten zur Raumentwicklung. Ausgabe 2003 (CD-Rom zu Berichte, Band 17), Bonn.

BBR – Bundesamt für Bauwesen und Raumordnung (2003b): Lebensbedingungen aus Bürgersicht, Bonn.

BBR – Bundesamt für Bauwesen und Raumordnung (Bearb.), BMVBW - Bundesministerium für Verkehr, Bau- und Wohnungswesen (Hrsg.) (2005): Nachhaltige Stadtentwicklung – ein Gemeinschaftswerk. Städtebaulicher Bericht der Bundesregierung 2004, Bonn.

BMBF – Bundesministerium für Bildung und Forschung (Hrsg. 2003): Auf dem Weg zur Stadt 2030. Leitbilder, Szenarien und Konzepte für die Zukunft der Stadt; Bonn.

BMVBW – Bundesministerium für Verkehr, Bau- und Wohnungswesen (2001): Programm Stadtumbau Ost für lebenswerte Städte und attraktives Wohnen. Merkblatt über Finanzhilfen des Bundes, Bonn.

Christoph, Bernhard (2002): Weiter deutliche Zufriedenheitsdifferenzen zwischen Ost und West trotz Annäherung in manchen Bereichen. Zur Entwicklung des subjektiven Wohlbefindens in der Bundesrepublik 1990-2000. In: Informationsdienst Soziale Indikatoren, Ausgabe 28, ISI 28 – Juli 2002; Mannheim, S. 11-14.

Easterlin, Richard, A. (1974): Does Economic Growth Improve the Human Lot Some Empirical Evidence. In: David, Paul A. ; Reder, Melvin W. (Hrsg.): Nations and Households in Economic Growth. New York, London, S. 89-125.

FEST – Forschungsstätte der Evangelischen Studiengemeinschaft e.V. - Institut für interdisziplinäre Forschung (Bearb.); Ministerium für Umwelt und Verkehr des Landes Baden-Württemberg – UVM; Bayerisches Staatsministerium für Landesentwicklung und Umweltfragen – STMLU; Hessisches Ministerium für Umwelt, Landwirtschaft und Forsten – HMULF und Thüringer Ministerium für Landwirtschaft,

Naturschutz und Umwelt – TMLNU (Hrsg.) (2000): Leitfaden. Indikatoren im Rahmen einer Lokalen Agenda 21, Darmstadt.

Festinger, Leon (1957): The Theory of Cognitive Dissonance, Stanford.

Gatzweiler, Hans-Peter; Meyer, Katrin; Milbert, Antonia (2003): Schrumpfende Städte in Deutschland? Fakten und Trends. In: Informationen zur Raumentwicklung, Heft 10/11.2003, Bonn, S. 557-574.

Glatzer, Wolfgang (1984): Determinanten subjektiven Wohlbefindens. In: Glatzer, Wolfgang; Zapf, Wolfgang (Hrsg.): Lebensqualität in der Bundesrepublik Deutschland. Objektive Lebensbedingungen und subjektives Wohlbefinden. Frankfurt/Main, New York, S. 234-245.

Habich, Roland; Noll, Heinz-Herbert (2002): Teil II: Objektive Lebensbedingungen und subjektives Wohlbefinden im vereinten Deutschland. In: Statistisches Bundesamt (Hrsg.): Datenreport 2002. Zahlen und Fakten über die Bundesrepublik Deutschland, Bonn.

Hill, Hermann (2002): Indikator Lebensqualität. Internationale Recherche zur kommunalen Steuerung, Gütersloh.

IRS - Institut für Regionalentwicklung und Strukturplanung (1993): Stadterweiterungen im Umkreis von Metropolen, REGIO. Beiträge des IRS, No. 1, Erkner.

Koch, Traugott (1992): Lebensqualität und Ethik – am Beispiel der Medizin. In: Seifert, Gerhard: Lebensqualität in unserer Zeit - Modebegriff oder neues Denken?, Göttingen, S. 5-15.

Korczak, Dieter (1995): Lebensqualität-Atlas, Opladen.

LUA – Landesumweltamt Brandenburg (2002): Indikatorenzeitreihen Land Brandenburg, Potsdam (unveröffentlicht).

LUA – Landesumweltamt Brandenburg (2004): Indikatorenzeitreihen Land Brandenburg, Potsdam (unveröffentlicht).

Mohr, Hans-Michael (1984): Politische und soziale Beteiligung. In: Glatzer, Wolfgang; Zapf, Wolfgang (Hrsg.): Lebensqualität in der Bundesrepublik. Objektive Lebensbedingungen und subjektives Wohlbefinden. Frankfurt/Main, New York, S. 157-173.

MUNR – Ministerium für Umwelt, Naturschutz und Raumordnung; Senatsverwaltung für Stadtentwicklung, Umweltschutz und Technologie (1998): Gemeinsam Planen für Berlin und Brandenburg, Potsdam.

Noll, Heinz-Herbert (1999): Konzepte der Wohlfahrtsentwicklung: Lebensqualität und "neue" Wohlfahrtskonzepte. In: EuReporting Working Paper No. 3, Mannheim.

Schulz, Wolfgang (2000): Explaining Quality of Life – The Controversy between Objective and Subjective Variables, EuReporting Working Paper No. 10, Wien.

Teichert, Volker (2005): Kommunale Nachhaltigkeitsindikatoren für die Nachhaltigkeitskommunikation, Heidelberg (unveröffentlichtes Manuskript).

Zapf, Wolfgang (1984): Individuelle Wohlfahrt: Lebensbedingungen und wahrgenommene Lebensqualität. In: Glatzer, Wolfgang ; Zapf, Wolfgang (Hrsg.): Lebensqualität in der Bundesrepublik Deutschland. Objektive Lebensbedingungen und subjektives Wohlbefinden. Frankfurt/Main, New York, S. 13-26.


Internetlinks

http://www.internetwache-brandenburg.de, Juli 2005; Handout Pressekonferenz, Vorstellung der Daten zur Polizeilichen Kriminalstatistik für das Jahr 2004 für das Land Brandenburg am 14.02.2005 in Potsdam.

http://www.lds-bb.de, Mai 2005; Landesbetrieb für Datenverarbeitung und Statistik des Landes Brandenburg.

http://www.nonliner-atlas.de, September 2005; TNS Emnid, Initiative 21 (2004): (N)Onliner Atlas 2004. Eine Topographie des digitalen Grabens durch Deutschland.

http://www.perspektive-deutschland.de, September 2005; ZDF, AOL, McKinsey (2004): Perspektive Deutschland.

http://www.schader-stiftung.de, Juni 2004; Expertenkommission "Wohnungswirtschaftlicher Strukturwandel in den neuen Bundesländern" (2000): Bericht der Expertenkommission "Wohnungswirtschaftlicher Strukturwandel in den neuen Bundesländern". Kurzfassung.

**Anhang**

**Anlage 1: Objektive Daten aus den sieben Kommunen des Städtekranzes Berlin-Brandenburg**

| BEVÖLKERUNG | | 1995 | 2000 | 2002 | 2003 | 2000-2003 | 1995-2003 | Bemerkungen |
|---|---|---|---|---|---|---|---|---|
| **1. Einwohner** | | | | | | | | |
| Kreisfreie Städte | Brandenburg a.d.H. | 85.994 | 77.516 | 75.276 | 75.485 | -2,6% | -12,2% | |
| | Cottbus | 123.214 | 108.491 | 103.847 | 107.549 | -0,9% | -12,7% | 2003: inkl. Eingemeindungen von etwa 5.200 Personen |
| | Frankfurt (Oder) | 80.367 | 71.468 | 67.693 | 66.341 | -7,2% | -17,5% | |
| Kreisangehörige Städte | Eberswalde | 49.212 | 44.623 | 42.774 | 42.236 | -5,3% | -14,2% | |
| | Jüterbog | 14.107 | 13.775 | 13.456 | 13.309 | -3,4% | -5,7% | vom LDS etwas andere Daten vorhanden |
| | Luckenwalde | 24.343 | 22.569 | 21.874 | 21.790 | -3,5% | -10,5% | |
| | Neuruppin | 32.438 | 32.193 | 31.758 | 31.363 | -2,6% | -3,3% | |
| *REZ-Durchschnitt* | | *58.525* | *52.948* | *50.954* | *51.153* | *-3,4%* | *-12,6%* | |

| 2. Altersgruppen | | | | | | |
|---|---|---|---|---|---|---|
| Brandenburg a.d.H. 0-15 Jahre | 14.657 | 10.156 | 8.868 | 8.394 | -17,3% | -42,7% |
| Brandenburg a.d.H. 16-25 Jahre | 9.650 | 9.647 | 9.994 | 10.006 | 3,7% | 3,7% |
| Brandenburg a.d.H. 26-35 Jahre | 13.865 | 9.520 | 8.476 | 8.116 | -14,7% | -41,5% |
| Brandenburg a.d.H. 36-64 Jahre | 35.663 | 34.561 | 33.452 | 33.363 | -3,5% | -6,4% |
| Brandenburg a.d.H. 65 und mehr Jahre | 12.159 | 13.632 | 14.888 | 15.606 | 14,5% | 28,3% |
| | 85.994 | 77.516 | 75.678 | 75.485 | -2,6% | -12,2% |
| Cottbus 0-15 Jahre | 23.177 | 15.102 | 12.702 | 12.309 | -18,5% | -46,9% |
| Cottbus 16-25 Jahre | 15.933 | 15.561 | 15.466 | 16.187 | 4,0% | 1,6% |
| Cottbus 26-35 Jahre | 22.049 | 15.450 | 13.463 | 13.412 | -13,2% | -39,2% |
| Cottbus 36-64 Jahre | 47.903 | 46.130 | 44.738 | 46.748 | 1,3% | -2,4% |
| Cottbus 65 und mehr Jahre | 14.152 | 16.248 | 17.478 | 18.893 | 16,3% | 33,5% |
| | 123.214 | 108.491 | 103.847 | 107.549 | -0,9% | -12,7% |
| Eberswalde 0-15 Jahre | 8.980 | 6.341 | 5.549 | 5.209 | -17,9% | -42,0% |
| Eberswalde 16-25 Jahre | 5.574 | 5.656 | 5.401 | 5.422 | -4,1% | -2,7% |
| Eberswalde 26-35 Jahre | 7.896 | 6.396 | 5.858 | 5.682 | -11,2% | -28,0% |
| Eberswalde 36-64 Jahre | 20.762 | 19.347 | 18.361 | 17.967 | -7,1% | -13,5% |
| Eberswalde 65 und mehr Jahre | 5.960 | 6.883 | 7.605 | 7.953 | 15,5% | 33,4% |
| | 49.172 | 44.623 | 42.774 | 42.233 | -5,4% | -14,1% |
| Frankfurt (Oder) 0-15 Jahre | 15.361 | 10.051 | 8.377 | 7.758 | -22,8% | -49,5% |
| Frankfurt (Oder) 16-25 Jahre | 11.632 | 11.368 | 10.779 | 10.459 | -8,0% | -10,1% |
| Frankfurt (Oder) 26-35 Jahre | 13.437 | 9.322 | 8.156 | 7.847 | -15,8% | -41,6% |
| Frankfurt (Oder) 36-64 Jahre | 32.143 | 30.363 | 29.218 | 28.725 | -5,4% | -10,6% |
| Frankfurt (Oder) 65 und mehr Jahre | 7.794 | 10.364 | 11.163 | 11.552 | 11,5% | 48,2% |
| | 80.367 | 71.468 | 67.693 | 66.341 | -7,2% | -17,5% |
| Jüterbog 0-15 Jahre | 2.490 | 1.887 | 1.757 | 1.542 | -18,3% | -38,1% |
| Jüterbog 16-25 Jahre | 1.552 | 1.755 | 1.757 | 1.746 | -0,5% | 12,5% |
| Jüterbog 26-35 Jahre | 2.284 | 1.721 | 1.504 | 1.389 | -19,3% | -39,2% |
| Jüterbog 36-64 Jahre | 5.583 | 5.930 | 5.927 | 5.880 | -0,8% | 5,3% |
| Jüterbog 65 und mehr Jahre | 2.198 | 2.482 | 2.639 | 2.752 | 10,9% | 25,2% |
| | 14.107 | 13.775 | 13.456 | 13.309 | -3,4% | -5,7% |
| Luckenwalde 0-15 Jahre | 4.361 | 3.172 | 2.814 | 2.548 | -19,7% | -41,6% |
| Luckenwalde 16-25 Jahre | 2.581 | 2.804 | 2.937 | 3.023 | 7,8% | 17,1% |
| Luckenwalde 26-35 Jahre | 3.970 | 2.786 | 2.335 | 2.237 | -19,7% | -43,7% |
| Luckenwalde 36-64 Jahre | 9.788 | 9.864 | 9.670 | 9.583 | -2,8% | -2,1% |
| Luckenwalde 65 und mehr Jahre | 3.642 | 3.942 | 4.117 | 4.399 | 11,6% | 20,8% |
| | 24.342 | 22.568 | 21.873 | 21.790 | -3,4% | -10,5% |
| Neuruppin 0-15 Jahre | 6.184 | 4.895 | 4.406 | 4.047 | -17,3% | -34,6% |
| Neuruppin 16-25 Jahre | 3.963 | 4.570 | 5.064 | 4.615 | 1,0% | 16,5% |
| Neuruppin 26-35 Jahre | 5.386 | 4.156 | 4.304 | 3.695 | -11,1% | -31,4% |
| Neuruppin 36-64 Jahre | 12.689 | 13.625 | 14.200 | 13.556 | -0,5% | 6,8% |
| Neuruppin 65 und mehr Jahre | 4.216 | 4.964 | 5.340 | 5.450 | 9,8% | 29,3% |
| | 32.438 | 32.210 | 33.314 | 31.363 | -2,6% | -3,3% |
| *REZ-Durchschnitt 0-15 Jahre* | *10.744* | *7.372* | *6.335* | *5.972* | *-19,0%* | *-44,4%* |
| *REZ-Durchschnitt 16-25 Jahre* | *7.269* | *7.337* | *7.343* | *7.351* | *0,2%* | *1,1%* |
| *REZ-Durchschnitt 26-35 Jahre* | *9.841* | *7.050* | *6.299* | *6.054* | *-14,1%* | *-38,5%* |
| *REZ-Durchschnitt 36-64 Jahre* | *23.504* | *22.831* | *22.224* | *22.260* | *-2,5%* | *-5,3%* |
| *REZ-Durchschnitt 65 und mehr Jahre* | *7.160* | *8.359* | *9.033* | *9.515* | *13,8%* | *32,9%* |

Stichtag 03.01.1996

**3. Wanderungsbewegungen: Zuzüge je 1.000 Einwohner**

| Kategorie | Stadt | | | | | | |
|---|---|---|---|---|---|---|---|
| Kreisfreie Städte | Brandenburg a.d.H. | 21 | 30 | 35 | 32 | 6,7% | 52,4% |
| | Cottbus | 30 | 43 | 45 | 42 | -2,3% | 40,0% |
| | Frankfurt (Oder) | 26 | 39 | 45 | 42 | 7,7% | 61,5% |
| Kreisangehörige Städte | Eberswalde | 28 | 35 | 35 | 38 | 8,6% | 35,7% |
| | Jüterbog | 35 | 36 | 36 | 37 | 2,8% | 5,7% |
| | Luckenwalde | 27 | 39 | 40 | 44 | 12,8% | 63,0% |
| | Neuruppin | 39 | 52 | 46 | 46 | -11,5% | 17,9% |
| *REZ-Durchschnitt* | | 29 | 39 | 40 | 40 | 2,6% | 36,4% |

**3. Wanderungsbewegungen: Fortzüge je 1.000 Einwohner**

| Kategorie | Stadt | | | | | | |
|---|---|---|---|---|---|---|---|
| Kreisfreie Städte | Brandenburg a.d.H. | 35 | 44 | 45 | 37 | -15,9% | 5,7% |
| | Cottbus | 41 | 64 | 64 | 53 | -17,2% | 29,3% |
| | Frankfurt (Oder) | 42 | 61 | 73 | 61 | 0,0% | 45,2% |
| Kreisangehörige Städte | Eberswalde | 35 | 51 | 43 | 42 | -17,6% | 20,0% |
| | Jüterbog | 41 | 42 | 43 | 43 | 2,4% | 4,9% |
| | Luckenwalde | 37 | 42 | 49 | 43 | 2,4% | 16,2% |
| | Neuruppin | 44 | 45 | 47 | 49 | 8,9% | 11,4% |
| *REZ-Durchschnitt* | | 39 | 50 | 52 | 47 | -6,0% | 19,3% |

**3. Wanderungsbewegungen: Wanderungssaldo je 1.000 Einwohner**

| Kategorie | Stadt | | | | | | |
|---|---|---|---|---|---|---|---|
| Kreisfreie Städte | Brandenburg a.d.H. | -14 | -14 | -10 | -5 | -64,3% | -64,3% |
| | Cottbus | -11 | -21 | -21 | -11 | -47,6% | 0,0% |
| | Frankfurt (Oder) | -16 | -23 | -28 | -19 | -17,4% | 18,8% |
| Kreisangehörige Städte | Eberswalde | -7 | -16 | -8 | -4 | -75,0% | -42,9% |
| | Jüterbog | -6 | -6 | -6 | -6 | 0,0% | 0,0% |
| | Luckenwalde | -10 | -3 | -9 | 0 | -100,0% | -100,0% |
| | Neuruppin | -5 | 7 | -1 | -3 | -142,9% | -40,0% |
| *REZ-Durchschnitt* | | -10 | -11 | -12 | -7 | -36,8% | -30,4% |

**3. Wanderungsbewegungen: Fortzüge innerhalb des Landes je 1.000 Einwohner**

| Kategorie | Stadt | | | | | | |
|---|---|---|---|---|---|---|---|
| Kreisfreie Städte | Brandenburg a.d.H. | 16 | 22 | 21 | 18 | -18,2% | 12,5% |
| | Cottbus | 23 | 26 | 22 | 21 | -19,2% | -8,7% |
| | Frankfurt (Oder) | 21 | 28 | 0 | 37 | 32,1% | 76,2% |
| Kreisangehörige Städte | Eberswalde | k.A. | k.A. | | 25 | | |
| | Jüterbog | 18 | 20 | 21 | 21 | 5,0% | 16,7% |
| | Luckenwalde | 19 | 23 | 25 | 21 | -8,7% | 10,5% |
| | Neuruppin | 22 | 29 | 27 | 27 | -6,9% | 22,7% |
| *REZ-Durchschnitt* | | | | 24 | 24 | | |

**3. Wanderungsbewegungen: Fortzüge außerhalb des Landes je 1.000 Einwohner**

| Kategorie | Stadt | | | | | | |
|---|---|---|---|---|---|---|---|
| Kreisfreie Städte | Brandenburg a.d.H. | 19 | 22 | 24 | 19 | -13,6% | 0,0% |
| | Cottbus | 18 | 38 | 41 | 32 | -15,8% | 77,8% |
| | Frankfurt (Oder) | 21 | 33 | 73 | 24 | -27,3% | 14,3% |
| Kreisangehörige Städte | Eberswalde | k.A. | k.A. | | 22 | | |
| | Jüterbog | 21 | 21 | 22 | 22 | 4,8% | 4,8% |
| | Luckenwalde | 18 | 19 | 24 | 22 | 15,8% | 22,2% |
| | Neuruppin | 10 | 15 | 18 | 21 | 40,0% | 110,0% |
| *REZ-Durchschnitt* | | | | | 23 | | |

Anmerkungen: 2002: Daten u.U. falsch — andere Werte errechnet durch die Stadt Luckenwalde

| WOHNEN | | | 1995 | 2000 | 2002 | 2003 | 2000-2003 | 1995-2003 | Bemerkungen |
|---|---|---|---|---|---|---|---|---|---|
| **4. Wohnfläche in Quadratmetern je Person** | Kreisfreie Städte | Brandenburg a.d.H. | 27 | 32 | 32 | 39 | 20,3% | 42,6% | 2003 ohne Leerstandsangabe |
| | | Cottbus | 29 | 36 | 38 | 39 | 6,0% | 31,7% | ohne Leerstandsangabe |
| | | Frankfurt (Oder) | 27 | 30 | 31 | 33 | 10,4% | 22,7% | Leerstandsflächen konnten nur über die Bezugsgröße (Fläche/Wohnungen) geschätzt werden. |
| | Kreisangehörige Städte | Eberswalde | 27 | 30 | 31 | 31 | 4,7% | 16,3% | Leerstand geschätzt |
| | | Jüterbog | 31 | 39 | 40 | 41 | 5,2% | 31,5% | vom LDS etwas andere Daten vorhanden, 2000-2003 ohne Leerstandsangaben |
| | | Luckenwalde | k.A. | k.A. | k.A. | 34 | | | Daten der LUGEWO vorhanden |
| | | Neuruppin | 28 | 31 | 33 | 34 | 9,0% | 20,7% | Leerstand geschätzt |
| | *REZ-Durchschnitt* | | | | | | | | |
| **5. Nettokaltmiete einer vollsanierten Plattenbauwohnung des größten kommunalen Unternehmens in Euro je Quadratmeter** | Kreisfreie Städte | Brandenburg a.d.H. | k.A. | 4,0 | 3,6 | 4,0 | 0,0% | | |
| | | Cottbus | 4,6 | 5,0 | 5,1 | 5,1 | 2,0% | 10,9% | |
| | | Frankfurt (Oder) | k.A. | 4,0 | 4,0 | 4,0 | 0,0% | | |
| | Kreisangehörige Städte | Eberswalde | k.A. | 5,1 | 5,1 | 5,1 | -0,2% | | erste vollsanierte Wohnung 1998 |
| | | Jüterbog | k.A. | 4,6 | 4,7 | 4,7 | 2,0% | | |
| | | Luckenwalde | 2,4 | 4,6 | 4,5 | 4,3 | -5,7% | 81,4% | 1995: sanierte und unsanierte Wohneinheiten |
| | | Neuruppin | 3,0 | 4,0 | 4,0 | 4,0 | 0,0% | 33,3% | |
| | *REZ-Durchschnitt* | | 3,0 | 4,5 | 4,4 | 4,5 | -0,3% | | |

## 6. Anteil der Ein- und Zweifamilienhäuser am Gesamtwohnungsbestand

| Gebiet | | | | | | | Anmerkung |
|---|---|---|---|---|---|---|---|
| **Kreisfreie Städte** | | | | | | | |
| Brandenburg a.d.H. | k.A. | k.A. | k.A. | k.A. | k.A. | 43,4% | nur neugebaute Einfamilienhäuser, 2003 mit Eingemeindungen |
| Cottbus | 12,2% | 14,1% | 14,7% | 17,5% | 24,1% | | |
| Frankfurt (Oder) | k.A. | 12,5% | 13,3% | 13,9% | 11,2% | | |
| **Kreisangehörige Städte** | | | | | | | |
| Eberswalde | 16,0% | 16,4% | 16,9% | 17,3% | 5,5% | 8,1% | Ein richtiges Monitoring ist noch nicht eingerichtet, so dass z.B. die seit 2001 abgerissenen Wohneinheiten nicht berücksichtigt sind. |
| Jüterbog | 41,3% | 41,0% | 41,3% | 41,3% | 0,7% | 0,0% | |
| Luckenwalde | 32,2% | 26,2% | 45,3% | 49,5% | | | |
| Neuruppin | 28,0% | 29,0% | 30,0% | 30,8% | 6,2% | 10,0% | |
| **REZ-Durchschnitt** | | | | | | | |

## 7. leerstehende Wohneinheiten am Gesamtwohnungsbestand

| Gebiet | | | | | | | Anmerkung |
|---|---|---|---|---|---|---|---|
| **Kreisfreie Städte** | | | | | | | |
| Brandenburg a.d.H. | 8,0% | 18,0% | 21,0% | k.A. | | | 1995, 2002 geschätzt |
| Cottbus | 5,2% | 14,8% | 18,0% | 18,9% | 27,7% | 263,5% | Quelle: Wohnungen: Kommunalstatistik; Leerstand: Schätzung |
| Frankfurt (Oder) | 6,6% | 15,2% | 16,3% | 15,2% | 0,0% | 130,3% | |
| **Kreisangehörige Städte** | | | | | | | |
| Eberswalde | 8,2% | 11,9% | 11,9% | 12,0% | 0,8% | 46,3% | Die Zahl 1995 entspricht der GWZ 1995, die Zahlen 2000 und 2002 einer Wohnungs- und Leerstandserfassung Anfang 2001 |
| Jüterbog | 12,7% | k.A. | k.A. | k.A. | k.A. | | 1995 GWZ |
| Luckenwalde | 8,7% | 18,9% | 19,4% | 19,7% | 4,2% | 126,4% | Stadtumbauunterlagen. Wohnungsbestand vom LDS. |
| Neuruppin | 8,0% | 7,0% | 5,0% | 5,0% | -28,6% | -37,7% | Quelle 1995: GWZ 95, 2000, 2002, 2003: Schätzung |
| **REZ-Durchschnitt** | 8,2% | | | | | | |

## 8. Anzahl der Wohneinheiten der Baufertigstellungen im Wohnungsneubau

| Gebiet | | | | | | | Anmerkung |
|---|---|---|---|---|---|---|---|
| **Kreisfreie Städte** | | | | | | | |
| Brandenburg a.d.H. | 128 | 321 | 281 | 204 | -36,4% | 59,4% | |
| Cottbus | 391 | 446 | 276 | 371 | -16,8% | -5,1% | |
| Frankfurt (Oder) | 160 | 283 | 176 | 174 | -38,5% | 8,8% | |
| **Kreisangehörige Städte** | | | | | | | |
| Eberswalde | k.A. | k.A. | 136 | 137 | | | |
| Jüterbog | k.A. | 122 | 39 | 11 | -91,0% | | |
| Luckenwalde | 41 | 27 | 32 | 55 | 103,7% | 34,1% | Landesamt für Statistik (Landkreis), Neubau mit Baugenehmigungen. |
| Neuruppin | 194 | 305 | 124 | 66 | -78,4% | -66,0% | |
| **REZ-Durchschnitt** | | | 152 | 145 | | | |

**9. Brachen: Anzahl der brachgefallenen Flächen**

| | | | | | | | | 1995 alle Brachen der Stadt, 2002 Stichtag 30.09. |
|---|---|---|---|---|---|---|---|---|
| Kreisfreie Städte | Brandenburg a.d.H. | 45 | 3 | k.A. | 0 | -100,0% | -100,0% | |
| | Cottbus | k.A. | k.A. | 37 | 36 | | | |
| | Frankfurt (Oder) | k.A. | k.A. | k.A. | | | | |
| Kreisangehörige Städte | Eberswalde | k.A. | k.A. | k.A. | k.A. | | | |
| | Jüterbog | 38 | 1 | 2 | 0 | -100,0% | -100,0% | Basiswert 1995 |
| | Luckenwalde | k.A. | k.A. | k.A. | k.A. | | | |
| | Neuruppin | 72 | 9 | 2 | 1 | -88,9% | -98,6% | Basiswert 1995 (Daten von 1990 bis 1995) |
| REZ-Durchschnitt | | | | | | | | |

**9. Brachen: Anzahl der nachgenutzten Brachen**

| Kreisfreie Städte | Brandenburg a.d.H. | 1 | 1 | k.A. | 1 | 0,0% | 0,0% | |
|---|---|---|---|---|---|---|---|---|
| | Cottbus | k.A. | k.A. | 1 | 1 | | | |
| | Frankfurt (Oder) | k.A. | k.A. | k.A. | | | | |
| Kreisangehörige Städte | Eberswalde | k.A. | 13 | k.A. | 13 | 0,0% | #DIV/0! | |
| | Jüterbog | 0 | | | | | | |
| | Luckenwalde | k.A. | k.A. | k.A. | k.A. | | | |
| | Neuruppin | 54 | 19 | 7 | 1 | -94,7% | -98,1% | Basiswert 1995 |
| REZ-Durchschnitt | | | | | | | | |

**9. Brachen: Größe der brachgefallenen Flächen in Hektar**

| Kreisfreie Städte | Brandenburg a.d.H. | 1.210 | 76 | k.A. | 0 | -100,0% | -100,0% | Basiswert 1995 |
|---|---|---|---|---|---|---|---|---|
| | Cottbus | k.A. | 0 | 0 | | | | Basiswert 1995 |
| | Frankfurt (Oder) | k.A. | k.A. | k.A. | | | | |
| Kreisangehörige Städte | Eberswalde | k.A. | k.A. | k.A. | k.A. | | | |
| | Jüterbog | 737 | 12 | 9 | 0 | -100,0% | -100,0% | Basiswert 1995 |
| | Luckenwalde | k.A. | k.A. | k.A. | k.A. | | | |
| | Neuruppin | 1.218 | 24 | 9 | 2 | -91,7% | -99,8% | Basiswert 1995 |
| REZ-Durchschnitt | | | | | | | | |

**9. Brachen: Größe der nachgenutzten Brachen in Hektar**

| Kreisfreie Städte | Brandenburg a.d.H. | 960 | 15 | k.A. | 37 | 146,7% | -96,1% | Basiswert 1995 |
|---|---|---|---|---|---|---|---|---|
| | Cottbus | k.A. | 6 | 1 | | | | |
| | Frankfurt (Oder) | k.A. | k.A. | k.A. | | | | |
| Kreisangehörige Städte | Eberswalde | k.A. | k.A. | k.A. | k.A. | | | |
| | Jüterbog | 0 | 67 | 4 | 40 | -40,3% | #DIV/0! | |
| | Luckenwalde | k.A. | k.A. | k.A. | k.A. | | | |
| | Neuruppin | 873 | 233 | 80 | 1 | -99,6% | -99,9% | Basiswert 1995 |
| REZ-Durchschnitt | | | | | | | | |

**ARBEITEN UND WIRTSCHAFT**

| | | 1995 | 2000 | 2002 | 2003 | 2000-2003 | 1995-2003 | Bemerkungen |
|---|---|---|---|---|---|---|---|---|
| **10. Arbeitslosenrate - Arbeitslose je 100 Einwohner im erwerbsfähigen Alter zwischen 16 und 64 Jahren** | | | | | | | | |
| Kreisfreie Städte | Brandenburg a.d.H. | 12,8 | 15,8 | 16,7 | 16,0 | 1,3% | 25,0% | |
| | Cottbus | 9,2 | 13,2 | 14,0 | 14,3 | 8,3% | 55,4% | |
| | Frankfurt (Oder) | 10,3 | 14,0 | 15,9 | 15,6 | 11,4% | 51,5% | Quelle: Arbeitslose per 13.12. (Meldungen der Arbeitsämter), andere Angaben zur Bezugsgröße: Einwohner zwischen 16 und 64 Jahren |
| Kreisangehörige Städte | Eberswalde | k.A. | k.A. | 16,6 | 18,0 | | | Für 1995 und 2000 wurde für den Altkreis Eberswalde (=Hauptamt) die gleiche Altersstruktur wie in der Stadt Eberswalde unterstellt und berechnet. |
| | Jüterbog | 12,1 | 14,8 | 14,4 | k.A. | | | |
| | Luckenwalde | 13,0 | 14,7 | 13,0 | 15,2 | 3,4% | 16,9% | |
| | Neuruppin | k.A. | 12,0 | k.A. | 16,1 | 34,2% | | jeweils der 30.06. des Jahres |
| *REZ-Durchschnitt* | | | | | | | | |
| **11. sv Beschäftigte: am Wohnort** | | | | | | | | |
| Kreisfreie Städte | Brandenburg a.d.H. | k.A. | 25.698 | 23.982 | k.A. | | | |
| | Cottbus | k.A. | 39.868 | 35.064 | k.A. | | | |
| | Frankfurt (Oder) | k.A. | 25.585 | 22.337 | 21.038 | -17,8% | | |
| Kreisangehörige Städte | Eberswalde | k.A. | 15.068 | 13.608 | 12.651 | -16,0% | | |
| | Jüterbog | k.A. | k.A. | 4.461 | k.A. | | | |
| | Luckenwalde | 8.000 | 7.521 | 7.034 | 6.803 | -9,5% | -15,0% | 1995 Schätzung |
| | Neuruppin | k.A. | 11.570 | 10.961 | 10.487 | -9,4% | | jeweils der 30.06. des Jahres |
| *REZ-Durchschnitt* | | | | 16.778 | | | | |
| **11. sv Beschäftigte: am Arbeitsort** | | | | | | | | |
| Kreisfreie Städte | Brandenburg a.d.H. | k.A. | 25.591 | 25.307 | k.A. | | | |
| | Cottbus | 61.941 | 52.366 | 46.850 | k.A. | | | |
| | Frankfurt (Oder) | 39.196 | 33.259 | 30.084 | 28.862 | -13,2% | -26,4% | |
| Kreisangehörige Städte | Eberswalde | 20.298 | 16.842 | 16.166 | 15.668 | -7,0% | -22,8% | |
| | Jüterbog | k.A. | k.A. | 3.222 | k.A. | | | |
| | Luckenwalde | 9.400 | 8.834 | 8.308 | 8.071 | -8,6% | -14,1% | 1995 Schätzung |
| | Neuruppin | k.A. | 14.204 | 13.806 | 13.445 | -5,3% | | jeweils der 30.06. des Jahres |
| *REZ-Durchschnitt* | | | | | | | | |

| 12. Pendleraufkommen: Einpendler | | | | | | |
|---|---|---|---|---|---|---|
| Kreisfreie Städte | Brandenburg a.d.H. | 8.500 | 7.956 | 8.654 | k.A. | |
| | Cottbus | 23.965 | 25.393 | 23.976 | 24.279 | -4,4% | 1,3% |
| | Frankfurt (Oder) | k.A. | 14.220 | 13.704 | 13.040 | -8,3% |
| Kreisangehörige Städte | Eberswalde | k.A. | 7.425 | 7.770 | 7.866 | 5,9% |
| | Jüterbog | k.A. | 1.553 | k.A. | 1.199 | -22,8% |
| | Luckenwalde | k.A. | k.A. | k.A. | k.A. |
| | Neuruppin | k.A. | k.A. | k.A. | k.A. |
| *REZ-Durchschnitt* | | | | | | |

| 12. Pendleraufkommen: Auspendler | | | | | | |
|---|---|---|---|---|---|---|
| Kreisfreie Städte | Brandenburg a.d.H. | 7.533 | 8.131 | 8.014 | k.A. | |
| | Cottbus | 14.132 | 12.895 | 12.190 | 11.588 | -10,1% | -18,0% |
| | Frankfurt (Oder) | k.A. | 6.546 | 5.957 | 5.739 | -12,3% |
| Kreisangehörige Städte | Eberswalde | k.A. | 5.651 | 5.212 | 4.849 | -14,2% |
| | Jüterbog | k.A. | k.A. | k.A. | 1.469 |
| | Luckenwalde | k.A. | k.A. | k.A. | k.A. |
| | Meuruppin | k.A. | k.A. | k.A. | k.A. |
| *REZ-Durchschnitt* | | | | | | |

| 12. Pendleraufkommen: Nichtpendler | | | | | | |
|---|---|---|---|---|---|---|
| Kreisfreie Städte | Brandenburg a.d.H. | k.A. | k.A. | k.A. | k.A. | |
| | Cottbus | k.A. | 26.973 | 22.874 | 22.193 | -17,7% |
| | Frankfurt (Oder) | k.A. | 25.585 | 22.337 | k.A. |
| Kreisangehörige Städte | Eberswalde | k.A. | 15.068 | 13.608 | 12.651 | -16,0% |
| | Jüterbog | k.A. | k.A. | k.A. |
| | Luckenwalde | k.A. | k.A. | k.A. |
| | Neuruppin | k.A. | k.A. | k.A. |
| *REZ-Durchschnitt* | | | | | | |

| 12. Pendleraufkommen: Pendlersaldo | | | | | | |
|---|---|---|---|---|---|---|
| Kreisfreie Städte | Brandenburg a.d.H. | 967 | -175 | 640 | | |
| | Cottbus | 9.833 | 12.498 | 11.786 | 12.691 | 1,5% | 29,1% |
| | Frankfurt (Oder) | 7.674 | 7.747 | 7.301 | -4,9% |
| Kreisangehörige Städte | Eberswalde | 1.774 | 2.558 | 3.017 | 70,1% |
| | Jüterbog | -270 |
| | Luckenwalde | |
| | Neuruppin | |
| *REZ-Durchschnitt* | | | | | | |

| | | | | | | | | |
|---|---|---|---|---|---|---|---|---|
| **13. Sozialhilfeempfänger je 1.000 Einwohner** | Kreisfreie Städte | Brandenburg a.d.H. | 20 | 32 | 37 | k.A. | | |
| | | Cottbus | 22 | 31 | 33 | 34 | 9,7% | 54,5% |
| | | Frankfurt (Oder) | 20 | 28 | 37 | 53 | 89,3% | 165,0% |
| | Kreisangehörige Städte | Eberswalde | 26 | 32 | 44 | 42 | 33,1% | 60,6% |
| | | Jüterbog | 33 | 32 | 27 | k.A. | | |
| | | Luckenwalde | 13 | 16 | 19 | 23 | 45,6% | 75,6% |
| | | Neuruppin | 21 | 31 | 46 | 49 | 58,1% | 133,3% |
| **14. Steueraufkommen: Realsteueraufkommen (Gewerbe- und Grundsteuer) in Euro je Einwohner** | Kreisfreie Städte | Brandenburg a.d.H. | 158 | 257 | 262 | k.A. | | |
| | | Cottbus | 120 | 226 | 184 | 199 | -11,9% | 65,8% |
| | | Frankfurt (Oder) | 142 | 143 | 179 | k.A. | | |
| | Kreisangehörige Städte | Eberswalde | 110 | 140 | 168 | 191 | 36,4% | 73,6% |
| | | Jüterbog | k.A. | k.A. | k.A. | k.A. | | |
| | | Luckenwalde | 153 | 177 | 234 | 252 | 42,4% | 64,7% |
| | | Neuruppin | 248 | 305 | 334 | 367 | 20,3% | 48,0% |
| | *REZ-Durchschnitt* | | | | | | | |
| **14. Steueraufkommen: Einkommens-, Umsatzsteueraufkommen in Euro je Einwohner** | Kreisfreie Städte | Brandenburg a.d.H. | k.A. | k.A. | k.A. | k.A. | | |
| | | Cottbus | k.A. | 180 | 196 | 161 | -10,6% | für 1995 nur Einkommenssteuer |
| | | Frankfurt (Oder) | k.A. | k.A. | k.A. | k.A. | | |
| | Kreisangehörige Städte | Eberswalde | k.A. | k.A. | k.A. | k.A. | | |
| | | Jüterbog | k.A. | 129 | 141 | 110 | -14,7% | |
| | | Luckenwalde | 156 | 124 | 126 | 106 | -14,5% | -32,1% |
| | | Neuruppin | k.A. | 122 | 131 | 113 | -7,4% | |
| | *REZ-Durchschnitt* | | | | | | | |

1995 Schätzung

1995: hier lag nur die Zahl der monatlichen Fälle, nicht der Personen vor. 1 Fall ist ein Antragsteller, dahinter verbergen sich mehrere Personen / 690 Personen wurden für 1995 geschätzt bei 345 Fällen analog der anderen Jahre, da noch keine Personenstatistik

| (AUS-) BILDUNG | | | 1995 | 2000 | 2002 | 2003 | 2000-2003 | 1995-2003 | Bemerkungen |
|---|---|---|---|---|---|---|---|---|---|
| 15. Ausbildungs-verhältnisse im ersten Lehrjahr je 1.000 Einwohner zwischen 16 und 25 Jahren | Kreisfreie Städte | Brandenburg a.d.H. | k.A. | k.A. | k.A. | 171 | | | |
| | | Cottbus | k.A. | k.A. | k.A. | k.A. | | | |
| | | Frankfurt (Oder) | | k.A. | k.A. | k.A. | | | basiert auf Schätzung für Handwerkskammerausbildungsplätze |
| | Kreisangehörige Städte | Eberswalde | k.A. | k.A. | k.A. | k.A. | | | |
| | | Jüterbog | k.A. | k.A. | k.A. | k.A. | | | |
| | | Luckenwalde | k.A. | k.A. | k.A. | | | | |
| | | Neuruppin | k.A. | k.A. | k.A. | k.A. | | | Ausbildungsplätze (gefördert und nicht gefördert für Landkreis OPR). |
| | REZ-Durchschnitt | | | | | | | | |
| 16. Anteil der Schulabgänger: Schulabgänger ohne Abschluss je 100 Abgänger | Kreisfreie Städte | Brandenburg a.d.H. | 9 | 11 | 10 | 9 | -18,2% | 0,0% | |
| | | Cottbus | 7 | 7 | 7 | 6 | -14,3% | -14,3% | |
| | | Frankfurt (Oder) | 9 | 8 | 7 | 8 | 0,0% | -11,1% | |
| | Kreisangehörige Städte | Eberswalde | k.A. | k.A. | k.A. | k.A. | | | Erfasst sind die Angaben von Förderschule, Wiesen+/Schollschule und Gymnasium. Die Pestalozzy-Förderschule ist noch zu ergänzen. Es wurden alle Schulabgänger erfasst, auch die niedrigeren Klassen. |
| | | Jüterbog | 2 | 3 | 4 | 4 | 33,3% | 100,0% | |
| | | Luckenwalde | 7 | 12 | 7 | 4 | -66,7% | -42,9% | |
| | | Neuruppin | 3 | 5 | 5 | 5 | 0,0% | 66,7% | |
| | REZ-Durchschnitt | | | | | | | | |
| 16. Anteil der Schulabgänger: Schulabgänger mit Abitur je 100 Abgänger | Kreisfreie Städte | Brandenburg a.d.H. | 37 | 37 | 36 | 40 | 8,1% | 8,1% | inkl. Fachhochschulreife |
| | | Cottbus | 36 | 38 | 42 | 39 | 2,6% | 8,3% | |
| | | Frankfurt (Oder) | 41 | 38 | 42 | 56 | 47,4% | 36,6% | |
| | Kreisangehörige Städte | Eberswalde | k.A. | k.A. | k.A. | k.A. | | | |
| | | Jüterbog | 46 | 40 | 42 | 37 | -7,5% | -19,6% | |
| | | Luckenwalde | 52 | 40 | 35 | 29 | -27,5% | -44,2% | |
| | | Neuruppin | 41 | 43 | 43 | 42 | -2,3% | 2,4% | |
| | REZ-Durchschnitt | | | | | | | | |

## FREIZEIT UND ERHOLUNG

| 17. kommunale Ausgaben für Kultur und Sport je 1.000 Einwohner | | 1995 | 2000 | 2002 | 2003 | 2000-2003 | 1995-2003 | Bemerkungen |
|---|---|---|---|---|---|---|---|---|
| Kreisfreie Städte | Brandenburg a.d.H. | k.A. | k.A. | k.A. | k.A. | | | enthält den kommunalen Zuschuss (Einnahmen/Ausgaben) |
| | Cottbus | k.A. | k.A. | k.A. | 149.798 | | | |
| | Frankfurt (Oder) | 67.626 | 87.934 | 165.069 | 148.156 | 68,5% | 119,1% | |
| Kreisangehörige Städte | Eberswalde | k.A. | k.A. | k.A. | k.A. | | | |
| | Jüterbog | k.A. | k.A. | k.A. | k.A. | | | |
| | Luckenwalde | 76.604 | 420.944 | 147.169 | 150.975 | -64,1% | 97,1% | 2000: Bau des Freizeitbades |
| | Neuruppin | 85.860 | 48.720 | 51.740 | 53.002 | 8,8% | -38,3% | |
| *REZ-Durchschnitt* | | | | | | | | |

| 18. Luftgüte | | 1995 | 2000 | 2002 | 2003 | 2000-2003 | 1995-2003 | Bemerkungen |
|---|---|---|---|---|---|---|---|---|
| Kreisfreie Städte | Brandenburg a.d.H. | 0,8 | k.A. | k.A. | k.A. | | | |
| | Cottbus | 0,8 | 0,4 | 0,4 | 0,5 | 25,0% | -37,5% | |
| | Frankfurt (Oder) | k.A. | k.A. | k.A. | 0,5 | | | |
| Kreisangehörige Städte | Luckenwalde | 0,7 | 0,4 | 0,4 | k.A. | | | 2003 stillgelegt |
| | | | | | | | | $SO_2$ Angaben fehlen. Messungen in Nrp. sind nicht mit allen Komponenten erfolgt. Werte $SO_2$ fehlen ganz sowie Werte von 1995 vollständig = keine Zuarbeit möglich |
| *REZ-Durchschnitt* | Neuruppin | k.A. | k.A. | k.A. | k.A. | | | |

## VERSORGUNG

| 19. Anteil der Anbieter regionaler Nahrungsmittel auf dem Wochenmarkt | | 1995 | 2000 | 2002 | 2003 | 2000-2003 | 1995-2003 | Bemerkungen |
|---|---|---|---|---|---|---|---|---|
| Kreisfreie Städte | Brandenburg a.d.H. | 50% | 50% | 40% | 38% | -24,0% | -24,0% | 1995 bis 2002 Erhebung im August |
| | Cottbus | 61% | 59% | 61% | 63% | 6,8% | 3,3% | |
| | Frankfurt (Oder) | k.A. | k.A. | k.A. | k.A. | | | |
| Kreisangehörige Städte | Eberswalde | k.A. | 60% | 55% | 55% | -8,3% | -5,3% | |
| | Jüterbog | 57% | 64% | 60% | 54% | -15,6% | | |
| | Luckenwalde | 80% | 42% | 55% | 38% | -9,5% | -52,5% | |
| | Neuruppin | k.A. | | 73% | 73% | | | |
| *REZ-Durchschnitt* | | k.A. | | | | | | |

**MOBILITÄT**

| | | 1995 | 2000 | 2002 | 2003 | 2000-2003 | 1995-2003 | Bemerkungen |
|---|---|---|---|---|---|---|---|---|
| **20. öffentliche Radwege in Meter je Quadratkilometer Siedlungs- und Verkehrsfläche** | | | | | | | | |
| Kreisfreie Städte | Brandenburg a.d.H. | 2.443 | 4.167 | 4.605 | 4.291 | 3,0% | 75,6% | Siedlungs- und Verkehrsfläche entspricht hier der amtlichen Katasterfläche der Stadt |
| | Cottbus | k.A. | k.A. | 3.213 | 3.244 | | | Eingemeindungen für 2003 noch nicht berücksichtigt |
| | Frankfurt (Oder) | 234 | 282 | 500 | 505 | 79,1% | 115,8% | Fläche (Gebäude-, Frei-, Verkehrsfläche) |
| Kreisangehörige Städte | Eberswalde | 924 | 2.129 | 3.532 | 3.532 | 65,9% | 282,3% | |
| | Jüterbog | 1.956 | 1.956 | 4.407 | 4.851 | 148,0% | 148,0% | Kommunale Radwege (1995, 2000) + Rad- und Skatertrasse von flaeming-skate (2002) + Radwege an den Landes- und Bundesstraßen (2003). |
| | Luckenwalde | 756 | 1.055 | 1.002 | 1.002 | -5,0% | 32,6% | Straßenverkehrsamt, Quelle der Flächen vom Stadtplanungsamt (FNP seit 2002) > W+M+G+Vfl (Angaben in Hektar). 1995: 791,72 ha, 2000: 936 ha, 2002: 992,4 ha, 2003: 992,4 ha. |
| | Neuruppin | 747 | k.A. | 1.131 | 1.213 | | 62,4% | |
| *REZ-Durchschnitt* | | | | 2.627,1 | 2.662,6 | | | |
| **21. PKW je 1.000 Einwohner** | | | | | | | | |
| Kreisfreie Städte | Brandenburg a.d.H. | 427 | 458 | 468 | 471 | 2,8% | 10,3% | |
| | Cottbus | 469 | 490 | 494 | 507 | 3,5% | 8,1% | |
| | Frankfurt (Oder) | 461 | 499 | 505 | 503 | 0,8% | 9,1% | |
| Kreisangehörige Städte | Eberswalde | 470 | 542 | 559 | 555 | 2,3% | 18,2% | 01.01. Stichtag, KFZ nicht PKW |
| | Jüterbog | k.A. | k.A. | k.A. | k.A. | | | |
| | Luckenwalde | 575 | 658 | 664 | k.A. | | | |
| | Neuruppin | 444 | 506 | 527 | 536 | 5,9% | 20,7% | 1995, 2000: Daten vom 01.07. des Jahres, 2002: 01.01. des Jahres |
| *REZ-Durchschnitt* | | | | | | | | |

## OFFENTLICHE SICHERHEIT

| 22. bekannt gewordene Straftaten je 1.000 Einwohner | | 1995 | 2000 | 2002 | 2003 | 2000-2003 | 1995-2003 | Bemerkungen |
|---|---|---|---|---|---|---|---|---|
| Kreisfreie Städte | Brandenburg a.d.H. | | 121 | 135 | 122 | 0,8% | -9,6% | evtl. fehlerhafte Berechnung |
| | Cottbus | 135 | 139 | 133 | 138 | -0,7% | 2,2% | |
| | Frankfurt (Oder) | 221 | 223 | 220 | 198 | -11,2% | -10,4% | |
| Kreisangehörige Städte | Eberswalde | k.A. | 107 | 106 | 116 | 8,0% | | |
| | Jüterbog | 106 | 78 | 93 | 86 | 10,3% | -18,9% | |
| | Luckenwalde | 101 | 117 | 137 | 145 | 23,5% | 44,0% | |
| | Neuruppin | k.A. | 121 | 106 | 112 | -7,4% | | |
| REZ-Durchschnitt | | | 129,5 | 132,8 | 131,0 | 1,1% | | |

## PARTIZIPATION

| 23. Wahlbeteiligung bei Kommunalwahlen in Prozent | | 1993 | 1998 | 2003 | 1993-2003 | Bemerkungen |
|---|---|---|---|---|---|---|
| Kreisfreie Städte | Brandenburg a.d.H. | k.A. | k.A. | 48% | | 2002: 47% bei der OB-Wahl |
| | Cottbus | 58% | 78% | 28% | -51,3% | |
| | Frankfurt (Oder) | 51% | 79% | 38% | -24,4% | |
| Kreisangehörige Städte | Eberswalde | 48% | 71% | 39% | -18,8% | |
| | Jüterbog | 63% | 78% | 44% | -29,7% | |
| | Luckenwalde | 58% | 75% | 39% | -33,0% | |
| | Neuruppin | 53% | 73% | 37% | -30,2% | 1993: Bürgermeisterwahl 53 |
| REZ-Durchschnitt | | | | 39% | | |

| 24. Anteil der Frauen im Kommunalparlament in Prozent | | 1993 | 1998 | 2003 | 1993-2003 | Bemerkungen |
|---|---|---|---|---|---|---|
| Kreisfreie Städte | Brandenburg a.d.H. | k.A. | k.A. | 26% | | 1995: 24; 2000: 33; 2002: 30 |
| | Cottbus | 29% | 40% | 24% | -18,4% | |
| | Frankfurt (Oder) | 22% | 29% | 30% | 38,2% | |
| Kreisangehörige Städte | Eberswalde | 30% | 23% | 19% | -36,7% | |
| | Jüterbog | 23% | 32% | 23% | -1,3% | |
| | Luckenwalde | 22% | 10% | 36% | 63,0% | |
| | Neuruppin | 27% | 28% | 24% | -12,1% | |
| REZ-Durchschnitt | | | | 26% | | |

## Anlage 2: Ergebnisse der Onlinebefragung 2004

**Verarbeitete Fälle**

| | Fälle | | | | | |
|---|---|---|---|---|---|---|
| | Gültig | | Fehlend | | Gesamt | |
| | N | Prozent | N | Prozent | N | Prozent |
| das Erscheinungsbild der Stadt ganz allgemein | 1278 | 99,0% | 13 | 1,0% | 1291 | 100,0% |
| den Zustand von Gebäuden, Straßen und Plätzen | 1284 | 99,5% | 7 | ,5% | 1291 | 100,0% |
| die Sauberkeit der Innenstadt | 1281 | 99,2% | 10 | ,8% | 1291 | 100,0% |
| die Sicherheit der Stadt, auch bei Nacht | 1176 | 91,1% | 115 | 8,9% | 1291 | 100,0% |
| die innerstädtischen Parkanlagen und Grünflächen | 1269 | 98,3% | 22 | 1,7% | 1291 | 100,0% |
| die Naherholungsmöglichkeiten in der Stadt und der Umgebung | 1249 | 96,7% | 42 | 3,3% | 1291 | 100,0% |
| die Häufigkeit von Veranstaltungen kultureller Art in der Stadt | 1231 | 95,4% | 60 | 4,6% | 1291 | 100,0% |
| die Qualität der Veranstaltungen kultureller Art | 1159 | 89,8% | 132 | 10,2% | 1291 | 100,0% |
| das Freizeitangebot für Jugendliche | 1066 | 82,6% | 225 | 17,4% | 1291 | 100,0% |
| die Angebote für Senioren | 692 | 53,6% | 599 | 46,4% | 1291 | 100,0% |
| das Angebot an Gaststätten und Kneipen in der Stadt | 1255 | 97,2% | 36 | 2,8% | 1291 | 100,0% |
| die wirtschaftliche Entwicklung der Region in den letzten 5 Jahren | 1192 | 92,3% | 99 | 7,7% | 1291 | 100,0% |
| das Arbeitsplatzangebot in der Region | 1186 | 91,9% | 105 | 8,1% | 1291 | 100,0% |
| die Verdienstmöglichkeiten in der Region | 1178 | 91,2% | 113 | 8,8% | 1291 | 100,0% |
| die wirtschaftliche Perspektive der Region | 1188 | 92,0% | 103 | 8,0% | 1291 | 100,0% |
| die Einkaufsmöglichkeiten in der Innenstadt | 1275 | 98,8% | 16 | 1,2% | 1291 | 100,0% |
| das Angebot des Wochenmarktes | 1072 | 83,0% | 219 | 17,0% | 1291 | 100,0% |
| das Niveau der Mieten bzw. der Wohnkosten | 1136 | 88,0% | 155 | 12,0% | 1291 | 100,0% |
| die Qualität des Wohnungsangebotes in der Stadt | 1138 | 88,1% | 153 | 11,9% | 1291 | 100,0% |

**Verarbeitete Fälle**

| | Fälle | | | | | |
|---|---|---|---|---|---|---|
| | Gültig | | Fehlend | | Gesamt | |
| | N | Prozent | N | Prozent | N | Prozent |
| die medizinische Versorgung | 1241 | 96,1% | 50 | 3,9% | 1291 | 100,0% |
| die Qualität der weiterführenden Schulen | 956 | 74,1% | 335 | 25,9% | 1291 | 100,0% |
| die Vielfalt des Ausbildungsplatzangebotes | 1035 | 80,2% | 256 | 19,8% | 1291 | 100,0% |
| das Angebot an Weiterbildungsmöglichkeiten | 1008 | 78,1% | 283 | 21,9% | 1291 | 100,0% |
| das Verkehrsaufkommen in der Innenstadt | 1247 | 96,6% | 44 | 3,4% | 1291 | 100,0% |
| das Angebot an Bussen, Bahnen und Straßenbahnen | 1214 | 94,0% | 77 | 6,0% | 1291 | 100,0% |
| die Fußgängerfreundlichkeit der Stadt | 1267 | 98,1% | 24 | 1,9% | 1291 | 100,0% |
| die Radfahrerfreundlichkeit der Stadt | 1219 | 94,4% | 72 | 5,6% | 1291 | 100,0% |
| das Parkplatzangebot in der Innenstadt | 1243 | 96,3% | 48 | 3,7% | 1291 | 100,0% |
| die Hilfsbereitschaft und Toleranz der Bevölkerung | 1207 | 93,5% | 84 | 6,5% | 1291 | 100,0% |
| das Vereinsangebot in der Stadt | 1034 | 80,1% | 257 | 19,9% | 1291 | 100,0% |
| die Information über kommunale Angelegenheiten | 1135 | 87,9% | 156 | 12,1% | 1291 | 100,0% |
| die Möglichkeiten zur Beteiligung an kommunalen Entscheidungen | 1039 | 80,5% | 252 | 19,5% | 1291 | 100,0% |
| die Arbeit der politisch Verantwortlichen in der Stadt | 1150 | 89,1% | 141 | 10,9% | 1291 | 100,0% |
| die Bürgernähe der Verwaltung | 1163 | 90,1% | 128 | 9,9% | 1291 | 100,0% |
| die Lebensqualität der Stadt ganz allgemein | 1266 | 98,1% | 25 | 1,9% | 1291 | 100,0% |
| die Entwicklung der Stadt in den letzten 5 Jahren | 1232 | 95,4% | 59 | 4,6% | 1291 | 100,0% |
| die Perspektiven der Stadt in den nächsten 5 Jahren | 1208 | 93,6% | 83 | 6,4% | 1291 | 100,0% |

Wie beurteilen Sie das Erscheinungsbild der Stadt ganz allgemein?

| | | | | | | Städte | | | | |
|---|---|---|---|---|---|---|---|---|---|---|
| | | | Brandenburg (a.d.H.) | Cottbus | Eberswalde | Frankfurt (Oder) | Jüterbog | Luckenwalde | Neuruppin | Gesamt |
| das Erscheinungsbild der Stadt ganz allgemein | sehr positiv | Anzahl | 10 | 1 | 3 | 6 | 9 | 0 | 31 | 60 |
| | | % von Städte | 2,2% | ,7% | 1,3% | 3,3% | 9,5% | ,0% | 24,4% | 4,7% |
| | positiv | Anzahl | 149 | 78 | 77 | 83 | 73 | 22 | 77 | 559 |
| | | % von Städte | 33,3% | 51,7% | 34,4% | 45,6% | 76,8% | 42,3% | 60,6% | 43,7% |
| | eher negativ | Anzahl | 210 | 57 | 104 | 62 | 11 | 23 | 18 | 485 |
| | | % von Städte | 47,0% | 37,7% | 46,4% | 34,1% | 11,6% | 44,2% | 14,2% | 37,9% |
| | negativ | Anzahl | 78 | 15 | 40 | 31 | 2 | 7 | 1 | 174 |
| | | % von Städte | 17,4% | 9,9% | 17,9% | 17,0% | 2,1% | 13,5% | ,8% | 13,6% |
| Gesamt | | Anzahl | 447 | 151 | 224 | 182 | 95 | 52 | 127 | 1278 |
| | | % von Städte | 100,0% | 100,0% | 100,0% | 100,0% | 100,0% | 100,0% | 100,0% | 100,0% |

Wie beurteilen Sie den Zustand von Gebäuden, Straßen und Plätzen?

| | | | | | | Städte | | | | |
|---|---|---|---|---|---|---|---|---|---|---|
| | | | Brandenburg (a.d.H.) | Cottbus | Eberswalde | Frankfurt (Oder) | Jüterbog | Luckenwalde | Neuruppin | Gesamt |
| den Zustand von Gebäuden, Straßen und Plätzen | sehr positiv | Anzahl | 5 | 1 | 1 | 4 | 1 | 0 | 8 | 20 |
| | | % von Städte | 1,1% | ,7% | ,4% | 2,2% | 1,0% | ,0% | 6,3% | 1,6% |
| | positiv | Anzahl | 91 | 65 | 51 | 67 | 59 | 9 | 79 | 421 |
| | | % von Städte | 20,2% | 43,0% | 22,7% | 37,2% | 60,8% | 17,0% | 62,2% | 32,8% |
| | eher negativ | Anzahl | 237 | 67 | 131 | 83 | 30 | 27 | 34 | 609 |
| | | % von Städte | 52,5% | 44,4% | 58,2% | 46,1% | 30,9% | 50,9% | 26,8% | 47,4% |
| | negativ | Anzahl | 118 | 18 | 42 | 26 | 7 | 17 | 6 | 234 |
| | | % von Städte | 26,2% | 11,9% | 18,7% | 14,4% | 7,2% | 32,1% | 4,7% | 18,2% |
| Gesamt | | Anzahl | 451 | 151 | 225 | 180 | 97 | 53 | 127 | 1284 |
| | | % von Städte | 100,0% | 100,0% | 100,0% | 100,0% | 100,0% | 100,0% | 100,0% | 100,0% |

Wie beurteilen Sie die Sauberkeit der Innenstadt?

| | | | | | Städte | | | | |
|---|---|---|---|---|---|---|---|---|---|
| | | Brandenburg (a.d.H.) | Cottbus | Eberswalde | Frankfurt (Oder) | Jüterbog | Luckenwalde | Neuruppin | Gesamt |
| die Sauberkeit der Innenstadt | sehr positiv | Anzahl | 11 | 5 | 4 | 12 | 2 | 0 | 8 | 42 |
| | | % von Städte | 2,4% | 3,3% | 1,8% | 6,6% | 2,1% | ,0% | 6,3% | 3,3% |
| | positiv | Anzahl | 129 | 68 | 63 | 67 | 67 | 23 | 45 | 462 |
| | | % von Städte | 28,7% | 45,0% | 28,1% | 37,0% | 69,8% | 43,4% | 35,7% | 36,1% |
| | eher negativ | Anzahl | 190 | 54 | 104 | 70 | 22 | 24 | 58 | 522 |
| | | % von Städte | 42,2% | 35,8% | 46,4% | 38,7% | 22,9% | 45,3% | 46,0% | 40,7% |
| | negativ | Anzahl | 120 | 24 | 53 | 32 | 5 | 6 | 15 | 255 |
| | | % von Städte | 26,7% | 15,9% | 23,7% | 17,7% | 5,2% | 11,3% | 11,9% | 19,9% |
| Gesamt | | Anzahl | 450 | 151 | 224 | 181 | 96 | 53 | 126 | 1281 |
| | | % von Städte | 100,0% | 100,0% | 100,0% | 100,0% | 100,0% | 100,0% | 100,0% | 100,0% |

Wie beurteilen Sie die Sicherheit der Stadt, auch bei Nacht?

| | | | | | | Städte | | | | |
|---|---|---|---|---|---|---|---|---|---|---|
| | | | Brandenburg (a.d.H.) | Cottbus | Eberswalde | Frankfurt (Oder) | Jüterbog | Luckenwalde | Neuruppin | Gesamt |
| die Sicherheit der Stadt, auch bei Nacht | sehr positiv | Anzahl | 17 | 6 | 2 | 5 | 8 | 3 | 10 | 51 |
| | | % von Städte | 4,3% | 4,3% | 1,0% | 2,9% | 8,9% | 5,8% | 8,2% | 4,3% |
| | positiv | Anzahl | 159 | 50 | 76 | 69 | 35 | 22 | 74 | 485 |
| | | % von Städte | 39,8% | 35,7% | 38,4% | 39,4% | 38,9% | 42,3% | 60,7% | 41,2% |
| | eher negativ | Anzahl | 131 | 52 | 68 | 61 | 35 | 18 | 30 | 395 |
| | | % von Städte | 32,8% | 37,1% | 34,3% | 34,9% | 38,9% | 34,6% | 24,6% | 33,6% |
| | negativ | Anzahl | 92 | 32 | 52 | 40 | 12 | 9 | 8 | 245 |
| | | % von Städte | 23,1% | 22,9% | 26,3% | 22,9% | 13,3% | 17,3% | 6,6% | 20,8% |
| Gesamt | | Anzahl | 399 | 140 | 198 | 175 | 90 | 52 | 122 | 1176 |
| | | % von Städte | 100,0% | 100,0% | 100,0% | 100,0% | 100,0% | 100,0% | 100,0% | 100,0% |

Wie beurteilen Sie die innerstädtischen Parkanlagen und Grünflächen?

| | | | Städte | | | | | | | |
| | | Brandenburg (a.d.H.) | Cottbus | Eberswalde | Frankfurt (Oder) | Jüterbog | Luckenwalde | Neuruppin | Gesamt |
|---|---|---|---|---|---|---|---|---|---|
| die innerstädtischen Parkanlagen und Grünflächen | sehr positiv | Anzahl | 31 | 32 | 19 | 21 | 10 | 6 | 39 | 158 |
| | | % von Städte | 6,9% | 21,3% | 8,6% | 11,8% | 10,8% | 11,3% | 31,0% | 12,5% |
| | positiv | Anzahl | 255 | 86 | 97 | 89 | 45 | 31 | 54 | 657 |
| | | % von Städte | 56,9% | 57,3% | 43,9% | 50,0% | 48,4% | 58,5% | 42,9% | 51,8% |
| | eher negativ | Anzahl | 123 | 29 | 56 | 46 | 27 | 12 | 26 | 319 |
| | | % von Städte | 27,5% | 19,3% | 25,3% | 25,8% | 29,0% | 22,6% | 20,6% | 25,1% |
| | negativ | Anzahl | 39 | 3 | 49 | 22 | 11 | 4 | 7 | 135 |
| | | % von Städte | 8,7% | 2,0% | 22,2% | 12,4% | 11,8% | 7,5% | 5,6% | 10,6% |
| Gesamt | | Anzahl | 448 | 150 | 221 | 178 | 93 | 53 | 126 | 1269 |
| | | % von Städte | 100,0% | 100,0% | 100,0% | 100,0% | 100,0% | 100,0% | 100,0% | 100,0% |

Wie beurteilen Sie die Naherholungsmöglichkeiten in der Stadt und der Umgebung?

| | | | Städte | | | | | | | |
| | | Brandenburg (a.d.H.) | Cottbus | Eberswalde | Frankfurt (Oder) | Jüterbog | Luckenwalde | Neuruppin | Gesamt |
|---|---|---|---|---|---|---|---|---|---|
| die Naherholungs-möglichkeiten in der Stadt und der Umgebung | sehr positiv | Anzahl | 108 | 32 | 57 | 42 | 8 | 11 | 59 | 317 |
| | | % von Städte | 24,9% | 21,2% | 25,8% | 24,0% | 8,5% | 20,8% | 48,8% | 25,4% |
| | positiv | Anzahl | 215 | 76 | 97 | 81 | 42 | 26 | 45 | 582 |
| | | % von Städte | 49,5% | 50,3% | 43,9% | 46,3% | 44,7% | 49,1% | 37,2% | 46,6% |
| | eher negativ | Anzahl | 72 | 33 | 47 | 31 | 29 | 13 | 12 | 237 |
| | | % von Städte | 16,6% | 21,9% | 21,3% | 17,7% | 30,9% | 24,5% | 9,9% | 19,0% |
| | negativ | Anzahl | 39 | 10 | 20 | 21 | 15 | 3 | 5 | 113 |
| | | % von Städte | 9,0% | 6,6% | 9,0% | 12,0% | 16,0% | 5,7% | 4,1% | 9,0% |
| Gesamt | | Anzahl | 434 | 151 | 221 | 175 | 94 | 53 | 121 | 1249 |
| | | % von Städte | 100,0% | 100,0% | 100,0% | 100,0% | 100,0% | 100,0% | 100,0% | 100,0% |

Wie beurteilen Sie die Häufigkeit von Veranstaltungen kultureller Art der Stadt?

| | | Brandenburg (a.d.H.) | Cottbus | Eberswalde | Frankfurt (Oder) | Jüterbog | Luckenwalde | Neuruppin | Gesamt |
|---|---|---|---|---|---|---|---|---|---|
| die Häufigkeit von Veranstaltungen kultureller Art in der Stadt | sehr positiv | Anzahl | 44 | 17 | 11 | 18 | 14 | 9 | 15 | 128 |
| | | % von Städte | 10,3% | 11,5% | 5,2% | 10,1% | 14,9% | 17,6% | 12,5% | 10,4% |
| | positiv | Anzahl | 191 | 76 | 76 | 83 | 46 | 18 | 59 | 549 |
| | | % von Städte | 44,7% | 51,4% | 35,7% | 46,6% | 48,9% | 35,3% | 49,2% | 44,6% |
| | eher negativ | Anzahl | 127 | 42 | 74 | 48 | 21 | 15 | 32 | 359 |
| | | % von Städte | 29,7% | 28,4% | 34,7% | 27,0% | 22,3% | 29,4% | 26,7% | 29,2% |
| | negativ | Anzahl | 65 | 13 | 52 | 29 | 13 | 9 | 14 | 195 |
| | | % von Städte | 15,2% | 8,8% | 24,4% | 16,3% | 13,8% | 17,6% | 11,7% | 15,8% |
| Gesamt | | Anzahl | 427 | 148 | 213 | 178 | 94 | 51 | 120 | 1231 |
| | | % von Städte | 100,0% | 100,0% | 100,0% | 100,0% | 100,0% | 100,0% | 100,0% | 100,0% |

Wie beurteilen Sie die Qualität der Veranstaltungen kultureller Art?

| | | Brandenburg (a.d.H.) | Cottbus | Eberswalde | Frankfurt (Oder) | Jüterbog | Luckenwalde | Neuruppin | Gesamt |
|---|---|---|---|---|---|---|---|---|---|
| die Qualität der Veranstaltungen kultureller Art | sehr positiv | Anzahl | 31 | 6 | 6 | 10 | 18 | 6 | 10 | 87 |
| | | % von Städte | 7,7% | 4,3% | 3,0% | 5,8% | 20,2% | 12,0% | 8,9% | 7,5% |
| | positiv | Anzahl | 199 | 87 | 82 | 86 | 47 | 20 | 53 | 574 |
| | | % von Städte | 49,5% | 63,0% | 41,6% | 50,3% | 52,8% | 40,0% | 47,3% | 49,5% |
| | eher negativ | Anzahl | 125 | 32 | 62 | 51 | 14 | 17 | 31 | 332 |
| | | % von Städte | 31,1% | 23,2% | 31,5% | 29,8% | 15,7% | 34,0% | 27,7% | 28,6% |
| | negativ | Anzahl | 47 | 13 | 47 | 24 | 10 | 7 | 18 | 166 |
| | | % von Städte | 11,7% | 9,4% | 23,9% | 14,0% | 11,2% | 14,0% | 16,1% | 14,3% |
| Gesamt | | Anzahl | 402 | 138 | 197 | 171 | 89 | 50 | 112 | 1159 |
| | | % von Städte | 100,0% | 100,0% | 100,0% | 100,0% | 100,0% | 100,0% | 100,0% | 100,0% |

## Wie beurteilen Sie das Freizeitangebot für Jugendliche?

| das Freizeitangebot für Jugendliche | | Städte | | | | | | | |
|---|---|---|---|---|---|---|---|---|---|
| | | Brandenburg (a.d.H.) | Cottbus | Eberswalde | Frankfurt (Oder) | Jüterbog | Luckenwalde | Neuruppin | Gesamt |
| sehr positiv | Anzahl | 14 | 0 | 1 | 4 | 2 | 3 | 9 | 33 |
| | % von Städte | 3,7% | ,0% | ,5% | 2,7% | 2,7% | 5,9% | 7,9% | 3,1% |
| positiv | Anzahl | 67 | 23 | 12 | 16 | 14 | 16 | 26 | 174 |
| | % von Städte | 17,5% | 20,9% | 6,4% | 11,0% | 18,7% | 31,4% | 22,8% | 16,3% |
| eher negativ | Anzahl | 145 | 43 | 70 | 62 | 26 | 19 | 40 | 405 |
| | % von Städte | 38,0% | 39,1% | 37,2% | 42,5% | 34,7% | 37,3% | 35,1% | 38,0% |
| negativ | Anzahl | 156 | 44 | 105 | 64 | 33 | 13 | 39 | 454 |
| | % von Städte | 40,8% | 40,0% | 55,9% | 43,8% | 44,0% | 25,5% | 34,2% | 42,6% |
| Gesamt | Anzahl | 382 | 110 | 188 | 146 | 75 | 51 | 114 | 1066 |
| | % von Städte | 100,0% | 100,0% | 100,0% | 100,0% | 100,0% | 100,0% | 100,0% | 100,0% |

## Wie beurteilen Sie die Angebote für Senioren?

| die Angebote für Senioren | | Städte | | | | | | | |
|---|---|---|---|---|---|---|---|---|---|
| | | Brandenburg (a.d.H.) | Cottbus | Eberswalde | Frankfurt (Oder) | Jüterbog | Luckenwalde | Neuruppin | Gesamt |
| sehr positiv | Anzahl | 13 | 4 | 14 | 3 | 7 | 6 | 15 | 62 |
| | % von Städte | 5,8% | 5,7% | 10,9% | 2,8% | 13,7% | 17,6% | 19,2% | 9,0% |
| positiv | Anzahl | 85 | 22 | 47 | 35 | 24 | 11 | 27 | 251 |
| | % von Städte | 38,1% | 31,4% | 36,7% | 32,4% | 47,1% | 32,4% | 34,6% | 36,3% |
| eher negativ | Anzahl | 85 | 24 | 46 | 47 | 15 | 12 | 25 | 254 |
| | % von Städte | 38,1% | 34,3% | 35,9% | 43,5% | 29,4% | 35,3% | 32,1% | 36,7% |
| negativ | Anzahl | 40 | 20 | 21 | 23 | 5 | 5 | 11 | 125 |
| | % von Städte | 17,9% | 28,6% | 16,4% | 21,3% | 9,8% | 14,7% | 14,1% | 18,1% |
| Gesamt | Anzahl | 223 | 70 | 128 | 108 | 51 | 34 | 78 | 692 |
| | % von Städte | 100,0% | 100,0% | 100,0% | 100,0% | 100,0% | 100,0% | 100,0% | 100,0% |

Wie beurteilen Sie das Angebot an Gaststätten und Kneipen in der Stadt?

| | | | | | | Städte | | | | |
|---|---|---|---|---|---|---|---|---|---|---|
| | | | Brandenburg (a.d.H.) | Cottbus | Eberswalde | Frankfurt (Oder) | Jüterbog | Luckenwalde | Neuruppin | Gesamt |
| das Angebot an Gaststätten und Kneipen in der Stadt | sehr positiv | Anzahl | 73 | 26 | 22 | 25 | 23 | 2 | 23 | 194 |
| | | % von Städte | 16,4% | 17,6% | 10,1% | 14,2% | 24,0% | 4,0% | 18,7% | 15,5% |
| | positiv | Anzahl | 258 | 82 | 88 | 89 | 54 | 22 | 67 | 660 |
| | | % von Städte | 58,1% | 55,4% | 40,4% | 50,6% | 56,3% | 44,0% | 54,5% | 52,6% |
| | eher negativ | Anzahl | 68 | 33 | 65 | 44 | 11 | 19 | 28 | 268 |
| | | % von Städte | 15,3% | 22,3% | 29,8% | 25,0% | 11,5% | 38,0% | 22,8% | 21,4% |
| | negativ | Anzahl | 45 | 7 | 43 | 18 | 8 | 7 | 5 | 133 |
| | | % von Städte | 10,1% | 4,7% | 19,7% | 10,2% | 8,3% | 14,0% | 4,1% | 10,6% |
| Gesamt | | Anzahl | 444 | 148 | 218 | 176 | 96 | 50 | 123 | 1255 |
| | | % von Städte | 100,0% | 100,0% | 100,0% | 100,0% | 100,0% | 100,0% | 100,0% | 100,0% |

Wie beurteilen Sie die wirtschaftliche Entwicklung der Region in den letzten 5 Jahren?

| | | | | | | Städte | | | | |
|---|---|---|---|---|---|---|---|---|---|---|
| | | | Brandenburg (a.d.H.) | Cottbus | Eberswalde | Frankfurt (Oder) | Jüterbog | Luckenwalde | Neuruppin | Gesamt |
| die wirtschaftliche Entwicklung der Region in den letzten 5 Jahren | sehr positiv | Anzahl | 10 | 0 | 3 | 3 | 1 | 1 | 12 | 30 |
| | | % von Städte | 2,4% | ,0% | 1,4% | 1,8% | 1,1% | 2,0% | 10,2% | 2,5% |
| | positiv | Anzahl | 101 | 13 | 40 | 16 | 15 | 15 | 50 | 250 |
| | | % von Städte | 24,4% | 9,0% | 19,0% | 9,5% | 16,9% | 30,6% | 42,4% | 21,0% |
| | eher negativ | Anzahl | 145 | 45 | 62 | 34 | 32 | 14 | 36 | 368 |
| | | % von Städte | 35,0% | 31,3% | 29,5% | 20,2% | 36,0% | 28,6% | 30,5% | 30,9% |
| | negativ | Anzahl | 158 | 86 | 105 | 115 | 41 | 19 | 20 | 544 |
| | | % von Städte | 38,2% | 59,7% | 50,0% | 68,5% | 46,1% | 38,8% | 16,9% | 45,6% |
| Gesamt | | Anzahl | 414 | 144 | 210 | 168 | 89 | 49 | 118 | 1192 |
| | | % von Städte | 100,0% | 100,0% | 100,0% | 100,0% | 100,0% | 100,0% | 100,0% | 100,0% |

Wie beurteilen Sie das Arbeitsplatzangebot in der Region?

| | | Brandenburg (a.d.H.) | Cottbus | Eberswalde | Frankfurt (Oder) | Jüterbog | Luckenwalde | Neuruppin | Gesamt |
|---|---|---|---|---|---|---|---|---|---|
| das Arbeitsplatzangebot in der Region | sehr positiv | Anzahl | 2 | 0 | 0 | 1 | 0 | 0 | 0 | 3 |
| | | % von Städte | ,5% | ,0% | ,0% | ,6% | ,0% | ,0% | 0% | ,3% |
| | positiv | Anzahl | 10 | 0 | 1 | 1 | 1 | 2 | 5 | 20 |
| | | % von Städte | 2,4% | ,0% | ,5% | ,6% | 1,1% | 3,9% | 4,4% | 1,7% |
| | eher negativ | Anzahl | 89 | 20 | 35 | 20 | 16 | 11 | 45 | 236 |
| | | % von Städte | 21,4% | 14,2% | 16,3% | 12,3% | 18,4% | 21,6% | 39,5% | 19,9% |
| | negativ | Anzahl | 314 | 121 | 179 | 141 | 70 | 38 | 64 | 927 |
| | | % von Städte | 75,7% | 85,8% | 83,3% | 86,5% | 80,5% | 74,5% | 56,1% | 78,2% |
| Gesamt | | Anzahl | 415 | 141 | 215 | 163 | 87 | 51 | 114 | 1186 |
| | | % von Städte | 100,0% | 100,0% | 100,0% | 100,0% | 100,0% | 100,0% | 100,0% | 100,0% |

Wie beurteilen Sie die Verdienstmöglichkeiten in der Region?

| | | Brandenburg (a.d.H.) | Cottbus | Eberswalde | Frankfurt (Oder) | Jüterbog | Luckenwalde | Neuruppin | Gesamt |
|---|---|---|---|---|---|---|---|---|---|
| die Verdienstmöglichkeiten in der Region | sehr positiv | Anzahl | 1 | 0 | 0 | 1 | 0 | 0 | 2 | 4 |
| | | % von Städte | ,2% | ,0% | ,0% | ,6% | ,0% | ,0% | 1,7% | ,3% |
| | positiv | Anzahl | 23 | 7 | 4 | 2 | 1 | 2 | 16 | 55 |
| | | % von Städte | 5,7% | 4,9% | 1,9% | 1,2% | 1,1% | 4,0% | 13,7% | 4,7% |
| | eher negativ | Anzahl | 127 | 46 | 51 | 32 | 29 | 15 | 35 | 335 |
| | | % von Städte | 31,5% | 31,9% | 24,2% | 19,5% | 32,6% | 30,0% | 29,9% | 28,4% |
| | negativ | Anzahl | 252 | 91 | 156 | 129 | 59 | 33 | 64 | 784 |
| | | % von Städte | 62,5% | 63,2% | 73,9% | 78,7% | 66,3% | 66,0% | 54,7% | 66,6% |
| Gesamt | | Anzahl | 403 | 144 | 211 | 164 | 89 | 50 | 117 | 1178 |
| | | % von Städte | 100,0% | 100,0% | 100,0% | 100,0% | 100,0% | 100,0% | 100,0% | 100,0% |

Wie beurteilen Sie die wirtschaftliche Perspektive der Region?

|  |  |  | Städte |  |  |  |  |  |  |
|---|---|---|---|---|---|---|---|---|---|
|  |  | Brandenburg (a.d.H.) | Cottbus | Eberswalde | Frankfurt (Oder) | Jüterbog | Luckenwalde | Neuruppin | Gesamt |
| die wirtschaftliche Perspektive der Region | sehr positiv Anzahl | 6 | 0 | 1 | 3 | 0 | 0 | 2 | 12 |
|  | % von Städte | 1,5% | ,0% | ,5% | 1,8% | ,0% | ,0% | 1,7% | 1,0% |
|  | positiv Anzahl | 69 | 12 | 20 | 15 | 7 | 12 | 37 | 172 |
|  | % von Städte | 16,8% | 8,5% | 9,6% | 8,9% | 8,0% | 24,0% | 30,6% | 14,5% |
|  | eher negativ Anzahl | 146 | 35 | 55 | 38 | 39 | 17 | 38 | 368 |
|  | % von Städte | 35,5% | 24,8% | 26,4% | 22,5% | 44,3% | 34,0% | 31,4% | 31,0% |
|  | negativ Anzahl | 190 | 94 | 132 | 113 | 42 | 21 | 44 | 636 |
|  | % von Städte | 46,2% | 66,7% | 63,5% | 66,9% | 47,7% | 42,0% | 36,4% | 53,5% |
| Gesamt | Anzahl | 411 | 141 | 208 | 169 | 88 | 50 | 121 | 1188 |
|  | % von Städte | 100,0% | 100,0% | 100,0% | 100,0% | 100,0% | 100,0% | 100,0% | 100,0% |

Wie beurteilen Sie die Einkaufsmöglichkeiten in der Innenstadt?

|  |  |  | Städte |  |  |  |  |  |  |
|---|---|---|---|---|---|---|---|---|---|
|  |  | Brandenburg (a.d.H.) | Cottbus | Eberswalde | Frankfurt (Oder) | Jüterbog | Luckenwalde | Neuruppin | Gesamt |
| die Einkaufs- möglichkeiten in der Innenstadt | sehr positiv Anzahl | 15 | 2 | 4 | 11 | 16 | 5 | 11 | 64 |
|  | % von Städte | 3,3% | 1,3% | 1,8% | 6,1% | 16,7% | 9,4% | 8,8% | 5,0% |
|  | positiv Anzahl | 138 | 20 | 67 | 74 | 49 | 22 | 45 | 415 |
|  | % von Städte | 30,8% | 13,4% | 30,0% | 40,9% | 51,0% | 41,5% | 36,0% | 32,5% |
|  | eher negativ Anzahl | 186 | 50 | 78 | 65 | 20 | 14 | 39 | 452 |
|  | % von Städte | 41,5% | 33,6% | 35,0% | 35,9% | 20,8% | 26,4% | 31,2% | 35,5% |
|  | negativ Anzahl | 109 | 77 | 74 | 31 | 11 | 12 | 30 | 344 |
|  | % von Städte | 24,3% | 51,7% | 33,2% | 17,1% | 11,5% | 22,6% | 24,0% | 27,0% |
| Gesamt | Anzahl | 448 | 149 | 223 | 181 | 96 | 53 | 125 | 1275 |
|  | % von Städte | 100,0% | 100,0% | 100,0% | 100,0% | 100,0% | 100,0% | 100,0% | 100,0% |

Wie beurteilen Sie das Angebot des Wochenmarktes?

| das Angebot des Wochenmarktes | | Brandenburg (a.d.H.) | Cottbus | Eberswalde | Frankfurt (Oder) | Jüterbog | Luckenwalde | Neuruppin | Gesamt |
|---|---|---|---|---|---|---|---|---|---|
| sehr positiv | Anzahl | 18 | 17 | 6 | 11 | 4 | 0 | 28 | 84 |
| | % vor Städte | 5,1% | 12,5% | 3,1% | 7,4% | 4,8% | ,0% | 25,0% | 7,8% |
| positiv | Anzahl | 165 | 86 | 48 | 82 | 47 | 26 | 46 | 500 |
| | % vor Städte | 46,6% | 63,2% | 24,5% | 55,4% | 56,6% | 60,5% | 41,1% | 46,6% |
| eher negativ | Anzahl | 120 | 30 | 71 | 36 | 19 | 10 | 28 | 314 |
| | % von Städte | 33,9% | 22,1% | 36,2% | 24,3% | 22,9% | 23,3% | 25,0% | 29,3% |
| negativ | Anzahl | 51 | 3 | 71 | 19 | 13 | 7 | 10 | 174 |
| | % von Städte | 14,4% | 2,2% | 36,2% | 12,8% | 15,7% | 16,3% | 8,9% | 16,2% |
| Gesamt | Anzahl | 354 | 136 | 196 | 148 | 83 | 43 | 112 | 1072 |
| | % von Städte | 100,0% | 100,0% | 100,0% | 100,0% | 100,0% | 100,0% | 100,0% | 100,0% |

Wie beurteilen Sie das Niveau der Mieten bzw. der Wohnkosten?

| das Niveau der Mieten bzw. der Wohnkosten | | Brandenburg (a.d.H.) | Cottbus | Eberswalde | Frankfurt (Oder) | Jüterbog | Luckenwalde | Neuruppin | Gesamt |
|---|---|---|---|---|---|---|---|---|---|
| sehr positiv | Anzahl | 28 | 10 | 13 | 9 | 3 | 4 | 16 | 83 |
| | % von Städte | 6,9% | 7,3% | 6,7% | 5,6% | 4,0% | 7,8% | 14,0% | 7,3% |
| positiv | Anzahl | 181 | 56 | 73 | 36 | 43 | 20 | 47 | 456 |
| | % von Städte | 44,8% | 40,9% | 37,6% | 22,4% | 57,3% | 39,2% | 41,2% | 40,1% |
| eher negativ | Anzahl | 126 | 56 | 69 | 65 | 19 | 17 | 37 | 389 |
| | % von Städte | 31,2% | 40,9% | 35,6% | 40,4% | 25,3% | 33,3% | 32,5% | 34,2% |
| negativ | Anzahl | 69 | 15 | 39 | 51 | 10 | 10 | 14 | 208 |
| | % von Städte | 17,1% | 10,9% | 20,1% | 31,7% | 13,3% | 19,6% | 12,3% | 18,3% |
| Gesamt | Anzahl | 404 | 137 | 194 | 161 | 75 | 51 | 114 | 1136 |
| | % von Städte | 100,0% | 100,0% | 100,0% | 100,0% | 100,0% | 100,0% | 100,0% | 100,0% |

Wie beurteilen Sie die Qualität des Wohnungsangebotes in der Stadt?

| die Qualität des Wohnungsangebotes in der Stadt | | | Städte | | | | | | | Gesamt |
|---|---|---|---|---|---|---|---|---|---|---|
| | | | Brandenburg (a.d.H.) | Cottbus | Eberswalde | Frankfurt (Oder) | Jüterbog | Luckenwalde | Neuruppin | |
| sehr positiv | Anzahl | | 25 | 4 | 11 | 8 | 5 | 2 | 23 | 78 |
| | % von Städte | | 6,3% | 2,9% | 5,5% | 4,8% | 6,6% | 4,3% | 20,2% | 6,9% |
| positiv | Anzahl | | 208 | 72 | 108 | 63 | 49 | 20 | 57 | 577 |
| | % von Städte | | 52,5% | 51,4% | 54,3% | 37,7% | 64,5% | 43,5% | 50,0% | 50,7% |
| eher negativ | Anzahl | | 121 | 51 | 58 | 66 | 15 | 18 | 26 | 355 |
| | % von Städte | | 30,6% | 36,4% | 29,1% | 39,5% | 19,7% | 39,1% | 22,8% | 31,2% |
| negativ | Anzahl | | 42 | 13 | 22 | 30 | 7 | 6 | 8 | 128 |
| | % von Städte | | 10,6% | 9,3% | 11,1% | 18,0% | 9,2% | 13,0% | 7,0% | 11,2% |
| Gesamt | Anzahl | | 396 | 140 | 199 | 167 | 76 | 46 | 114 | 1138 |
| | % von Städte | | 100,0% | 100,0% | 100,0% | 100,0% | 100,0% | 100,0% | 100,0% | 100,0% |

Wie beurteilen Sie die medizinische Versorgung?

| die medizinische Versorgung | | | Städte | | | | | | | Gesamt |
|---|---|---|---|---|---|---|---|---|---|---|
| | | | Brandenburg (a.d.H.) | Cottbus | Eberswalde | Frankfurt (Oder) | Jüterbog | Luckenwalde | Neuruppin | |
| sehr positiv | Anzahl | | 71 | 25 | 27 | 22 | 4 | 2 | 45 | 196 |
| | % von Städte | | 16,4% | 17,1% | 12,4% | 12,9% | 4,2% | 3,9% | 35,7% | 15,8% |
| positiv | Anzahl | | 241 | 76 | 115 | 103 | 28 | 15 | 62 | 640 |
| | % von Städte | | 55,5% | 52,1% | 52,8% | 60,2% | 29,5% | 29,4% | 49,2% | 51,6% |
| eher negativ | Anzahl | | 96 | 29 | 55 | 35 | 41 | 20 | 13 | 289 |
| | % von Städte | | 22,1% | 19,9% | 25,2% | 20,5% | 43,2% | 39,2% | 10,3% | 23,3% |
| negativ | Anzahl | | 26 | 16 | 21 | 11 | 22 | 14 | 6 | 116 |
| | % von Städte | | 6,0% | 11,0% | 9,6% | 6,4% | 23,2% | 27,5% | 4,8% | 9,3% |
| Gesamt | Anzahl | | 434 | 146 | 218 | 171 | 95 | 51 | 126 | 1241 |
| | % von Städte | | 100,0% | 100,0% | 100,0% | 100,0% | 100,0% | 100,0% | 100,0% | 100,0% |

Wie beurteilen Sie die Qualität der weiterführenden Schulen?

| die Qualität der weiterführenden Schulen | | Brandenburg (a.d.H.) | Cottbus | Eberswalde | Frankfurt (Oder) | Jüterbog | Luckenwalde | Neuruppin | Gesamt |
|---|---|---|---|---|---|---|---|---|---|
| sehr positiv | Anzahl | 31 | 7 | 13 | 11 | 4 | 4 | 29 | 99 |
| | % von Städte | 9,2% | 6,9% | 8,3% | 8,3% | 5,1% | 8,7% | 28,2% | 10,4% |
| positiv | Anzahl | 187 | 60 | 78 | 79 | 34 | 16 | 55 | 509 |
| | % von Städte | 55,5% | 58,8% | 49,7% | 59,8% | 43,0% | 34,8% | 53,4% | 53,2% |
| eher negativ | Anzahl | 85 | 30 | 52 | 27 | 29 | 24 | 17 | 264 |
| | % von Städte | 25,2% | 29,4% | 33,1% | 20,5% | 36,7% | 52,2% | 16,5% | 27,6% |
| negativ | Anzahl | 34 | 5 | 14 | 15 | 12 | 2 | 2 | 84 |
| | % von Städte | 10,1% | 4,9% | 8,9% | 11,4% | 15,2% | 4,3% | 1,9% | 8,8% |
| Gesamt | Anzahl | 337 | 102 | 157 | 132 | 79 | 46 | 103 | 956 |
| | % von Städte | 100,0% | 100,0% | 100,0% | 100,0% | 100,0% | 100,0% | 100,0% | 100,0% |

Wie beurteilen Sie die Vielfalt des Ausbildungsplatzangebotes?

| die Vielfalt des Ausbildungs-platzangebotes | | Brandenburg (a.d.H.) | Cottbus | Eberswalde | Frankfurt (Oder) | Jüterbog | Luckenwalde | Neuruppin | Gesamt |
|---|---|---|---|---|---|---|---|---|---|
| sehr positiv | Anzahl | 3 | 2 | 2 | 1 | 0 | 0 | 5 | 13 |
| | % von Städte | ,8% | 1,8% | 1,1% | ,7% | ,0% | ,0% | 4,6% | 1,3% |
| positiv | Anzahl | 33 | 13 | 7 | 6 | 3 | 4 | 23 | 89 |
| | % von Städte | 9,0% | 11,5% | 3,9% | 4,3% | 3,7% | 8,2% | 21,3% | 8,6% |
| eher negativ | Anzahl | 163 | 37 | 74 | 55 | 27 | 23 | 47 | 426 |
| | % von Städte | 44,7% | 32,7% | 41,3% | 39,6% | 32,9% | 46,9% | 43,5% | 41,2% |
| negativ | Anzahl | 166 | 61 | 96 | 77 | 52 | 22 | 33 | 507 |
| | % von Städte | 45,5% | 54,0% | 53,6% | 55,4% | 63,4% | 44,9% | 30,6% | 49,0% |
| Gesamt | Anzahl | 365 | 113 | 179 | 139 | 82 | 49 | 108 | 1035 |
| | % von Städte | 100,0% | 100,0% | 100,0% | 100,0% | 100,0% | 100,0% | 100,0% | 100,0% |

Wie beurteilen Sie das Angebot an Weiterbildungsmöglichkeiten?

| das Angebot an Weiterbildungs-möglichkeiten | | | Städte | | | | | | | |
|---|---|---|---|---|---|---|---|---|---|---|
| | | | Brandenburg (a.d.H.) | Cottbus | Eberswalde | Frankfurt (Oder) | Jüterbog | Luckenwalde | Neuruppin | Gesamt |
| sehr positiv | Anzahl | | 9 | 6 | 3 | 4 | 0 | 2 | 8 | 32 |
| | % von Städte | | 2,6% | 5,2% | 1,7% | 2,7% | ,0% | 4,3% | 7,8% | 3,2% |
| positiv | Anzahl | | 108 | 52 | 46 | 45 | 10 | 10 | 37 | 308 |
| | % von Städte | | 31,8% | 45,2% | 26,1% | 30,4% | 12,3% | 21,7% | 36,3% | 30,6% |
| eher negativ | Anzahl | | 142 | 41 | 74 | 65 | 39 | 19 | 40 | 420 |
| | % von Städte | | 41,8% | 35,7% | 42,0% | 43,9% | 48,1% | 41,3% | 39,2% | 41,7% |
| negativ | Anzahl | | 81 | 16 | 53 | 34 | 32 | 15 | 17 | 248 |
| | % von Städte | | 23,8% | 13,9% | 30,1% | 23,0% | 39,5% | 32,6% | 16,7% | 24,6% |
| Gesamt | Anzahl | | 340 | 115 | 176 | 148 | 81 | 46 | 102 | 1008 |
| | % von Städte | | 100,0% | 100,0% | 100,0% | 100,0% | 100,0% | 100,0% | 100,0% | 100,0% |

Wie beurteilen Sie das Verkehrsaufkommen in der Innenstadt?

| das Verkehrs-aufkommen in der Innenstadt | | | Städte | | | | | | | |
|---|---|---|---|---|---|---|---|---|---|---|
| | | | Brandenburg (a.d.H.) | Cottbus | Eberswalde | Frankfurt (Oder) | Jüterbog | Luckenwalde | Neuruppin | Gesamt |
| sehr positiv | Anzahl | | 6 | 1 | 2 | 5 | 1 | 4 | 7 | 26 |
| | % von Städte | | 1,4% | ,7% | ,9% | 2,8% | 1,1% | 7,7% | 5,6% | 2,1% |
| positiv | Anzahl | | 138 | 49 | 26 | 86 | 31 | 20 | 48 | 398 |
| | % von Städte | | 31,9% | 33,1% | 11,9% | 48,6% | 32,6% | 38,5% | 38,7% | 31,9% |
| eher negativ | Anzahl | | 186 | 67 | 71 | 64 | 37 | 17 | 41 | 483 |
| | % von Städte | | 43,1% | 45,3% | 32,4% | 36,2% | 38,9% | 32,7% | 33,1% | 38,7% |
| negativ | Anzahl | | 102 | 31 | 120 | 22 | 26 | 11 | 28 | 340 |
| | % von Städte | | 23,6% | 20,9% | 54,8% | 12,4% | 27,4% | 21,2% | 22,6% | 27,3% |
| Gesamt | Anzahl | | 432 | 148 | 219 | 177 | 95 | 52 | 124 | 1247 |
| | % von Städte | | 100,0% | 100,0% | 100,0% | 100,0% | 100,0% | 100,0% | 100,0% | 100,0% |

Wie beurteilen Sie das Angebot an Bussen, Bahnen und Straßenbahnen?

| | | | Städte | | | | | | | |
|---|---|---|---|---|---|---|---|---|---|---|
| | | | Brandenburg (a.d.H.) | Cottbus | Eberswalde | Frankfurt (Oder) | Jüterbog | Luckenwalde | Neuruppin | Gesamt |
| das Angebot an Bussen, Bahnen und Straßenbahnen | sehr positiv | Anzahl | 39 | 11 | 27 | 20 | 5 | 4 | 16 | 122 |
| | | % von Städte | 9,3% | 7,5% | 12,4% | 11,6% | 5,8% | 7,8% | 13,1% | 10,0% |
| | positiv | Anzahl | 232 | 83 | 132 | 108 | 37 | 24 | 52 | 668 |
| | | % von Städte | 55,4% | 56,8% | 60,8% | 62,4% | 43,0% | 47,1% | 42,6% | 55,0% |
| | eher negativ | Anzahl | 106 | 37 | 43 | 31 | 27 | 21 | 41 | 306 |
| | | % von Städte | 25,3% | 25,3% | 19,8% | 17,9% | 31,4% | 41,2% | 33,6% | 25,2% |
| | negativ | Anzahl | 42 | 15 | 15 | 14 | 17 | 2 | 13 | 118 |
| | | % von Städte | 10,0% | 10,3% | 6,9% | 8,1% | 19,8% | 3,9% | 10,7% | 9,7% |
| Gesamt | | Anzahl | 419 | 146 | 217 | 173 | 86 | 51 | 122 | 1214 |
| | | % von Städte | 100,0% | 100,0% | 100,0% | 100,0% | 100,0% | 100,0% | 100,0% | 100,0% |

Wie beurteilen Sie die Fußgängerfreundlichkeit der Stadt?

| | | | Städte | | | | | | | |
|---|---|---|---|---|---|---|---|---|---|---|
| | | | Brandenburg (a.d.H.) | Cottbus | Eberswalde | Frankfurt (Oder) | Jüterbog | Luckenwalde | Neuruppin | Gesamt |
| die Fußgänger-freundlichkeit der Stadt | sehr positiv | Anzahl | 35 | 11 | 8 | 14 | 8 | 6 | 22 | 104 |
| | | % von Städte | 7,8% | 7,2% | 3,6% | 8,0% | 8,3% | 11,3% | 17,7% | 8,2% |
| | positiv | Anzahl | 239 | 104 | 105 | 99 | 57 | 34 | 75 | 713 |
| | | % von Städte | 53,5% | 68,4% | 47,7% | 56,6% | 59,4% | 64,2% | 60,5% | 56,3% |
| | eher negativ | Anzahl | 134 | 24 | 65 | 43 | 22 | 12 | 18 | 318 |
| | | % von Städte | 30,0% | 15,8% | 29,5% | 24,6% | 22,9% | 22,6% | 14,5% | 25,1% |
| | negativ | Anzahl | 39 | 13 | 42 | 19 | 9 | 1 | 9 | 132 |
| | | % von Städte | 8,7% | 8,6% | 19,1% | 10,9% | 9,4% | 1,9% | 7,3% | 10,4% |
| Gesamt | | Anzahl | 447 | 152 | 220 | 175 | 96 | 53 | 124 | 1267 |
| | | % von Städte | 100,0% | 100,0% | 100,0% | 100,0% | 100,0% | 100,0% | 100,0% | 100,0% |

Wie beurteilen Sie die Radfahrerfreundlichkeit der Stadt?

| | | | | | Städte | | | | |
|---|---|---|---|---|---|---|---|---|---|
| | | Brandenburg (a.d.H.) | Cottbus | Eberswalde | Frankfurt (Oder) | Jüterbog | Luckenwalde | Neuruppin | Gesamt |
| die Radfahrer- freundlichkeit der Stadt | sehr positiv | | | | | | | | |
| | Anzahl | 21 | 6 | 10 | 5 | 3 | 7 | 16 | 68 |
| | % von Städte | 5,0% | 4,0% | 4,7% | 3,1% | 3,2% | 13,5% | 12,9% | 5,6% |
| | positiv | | | | | | | | |
| | Anzahl | 97 | 65 | 62 | 35 | 32 | 23 | 35 | 349 |
| | % von Städte | 23,0% | 43,0% | 29,1% | 21,5% | 34,0% | 44,2% | 28,2% | 28,6% |
| | eher negativ | | | | | | | | |
| | Anzahl | 177 | 50 | 87 | 52 | 38 | 17 | 48 | 469 |
| | % von Städte | 41,9% | 33,1% | 40,8% | 31,9% | 40,4% | 32,7% | 38,7% | 38,5% |
| | negativ | | | | | | | | |
| | Anzahl | 127 | 30 | 54 | 71 | 21 | 5 | 25 | 333 |
| | % von Städte | 30,1% | 19,9% | 25,4% | 43,6% | 22,3% | 9,6% | 20,2% | 27,3% |
| Gesamt | Anzahl | 422 | 151 | 213 | 163 | 94 | 52 | 124 | 1219 |
| | % von Städte | 100,0% | 100,0% | 100,0% | 100,0% | 100,0% | 100,0% | 100,0% | 100,0% |

Wie beurteilen Sie das Parkplatzangebot in der Innenstadt?

| | | | | | Städte | | | | |
|---|---|---|---|---|---|---|---|---|---|
| | | Brandenburg (a.d.H.) | Cottbus | Eberswalde | Frankfurt (Oder) | Jüterbog | Luckenwalde | Neuruppin | Gesamt |
| das Parkplatzangebot in der Innenstadt | sehr positiv | | | | | | | | |
| | Anzahl | 18 | 8 | 3 | 14 | 5 | 7 | 24 | 79 |
| | % von Städte | 4,1% | 5,5% | 1,4% | 8,2% | 5,3% | 13,2% | 19,5% | 6,4% |
| | positiv | | | | | | | | |
| | Anzahl | 163 | 55 | 26 | 54 | 42 | 31 | 30 | 401 |
| | % von Städte | 36,9% | 37,9% | 12,0% | 31,8% | 44,7% | 58,5% | 24,4% | 32,3% |
| | eher negativ | | | | | | | | |
| | Anzahl | 135 | 42 | 79 | 47 | 23 | 11 | 37 | 374 |
| | % von Städte | 30,5% | 29,0% | 36,6% | 27,6% | 24,5% | 20,8% | 30,1% | 30,1% |
| | negativ | | | | | | | | |
| | Anzahl | 126 | 40 | 108 | 55 | 24 | 4 | 32 | 389 |
| | % von Städte | 28,5% | 27,6% | 50,0% | 32,4% | 25,5% | 7,5% | 26,0% | 31,3% |
| Gesamt | Anzahl | 442 | 145 | 216 | 170 | 94 | 53 | 123 | 1243 |
| | % von Städte | 100,0% | 100,0% | 100,0% | 100,0% | 100,0% | 100,0% | 100,0% | 100,0% |

Wie beurteilen Sie die Hilfsbereitschaft und Toleranz der Bevölkerung?

| die Hilfsbereitschaft und Toleranz der Bevölkerung | | Brandenburg (a.d.H.) | Cottbus | Eberswalde | Städte Frankfurt (Oder) | Jüterbog | Luckenwalde | Neuruppin | Gesamt |
|---|---|---|---|---|---|---|---|---|---|
| sehr positiv | Anzahl | 11 | 4 | 4 | 3 | 2 | 2 | 10 | 36 |
| | % von Städte | 2,6% | 2,8% | 1,9% | 1,7% | 2,2% | 3,8% | 8,5% | 3,0% |
| positiv | Anzahl | 113 | 48 | 47 | 67 | 53 | 13 | 48 | 389 |
| | % von Städte | 27,0% | 34,0% | 22,2% | 37,9% | 59,6% | 25,0% | 41,0% | 32,2% |
| eher negativ | Anzahl | 183 | 57 | 102 | 65 | 23 | 24 | 45 | 499 |
| | % von Städte | 43,7% | 40,4% | 48,1% | 36,7% | 25,8% | 46,2% | 38,5% | 41,3% |
| negativ | Anzahl | 112 | 32 | 59 | 42 | 11 | 13 | 14 | 283 |
| | % von Städte | 26,7% | 22,7% | 27,8% | 23,7% | 12,4% | 25,0% | 12,0% | 23,4% |
| Gesamt | Anzahl | 419 | 141 | 212 | 177 | 89 | 52 | 117 | 1207 |
| | % von Städte | 100,0% | 100,0% | 100,0% | 100,0% | 100,0% | 100,0% | 100,0% | 100,0% |

Wie beurteilen Sie das Vereinsangebot in der Stadt?

| das Vereinsangebot in der Stadt | | Brandenburg (a.d.H.) | Cottbus | Eberswalde | Städte Frankfurt (Oder) | Jüterbog | Luckenwalde | Neuruppin | Gesamt |
|---|---|---|---|---|---|---|---|---|---|
| sehr positiv | Anzahl | 47 | 12 | 15 | 13 | 5 | 9 | 18 | 119 |
| | % von Städte | 12,8% | 11,7% | 8,2% | 8,6% | 6,3% | 19,6% | 17,1% | 11,5% |
| positiv | Anzahl | 239 | 70 | 110 | 99 | 63 | 22 | 64 | 667 |
| | % von Städte | 65,3% | 68,0% | 60,4% | 65,1% | 78,8% | 47,8% | 61,0% | 64,5% |
| eher negativ | Anzahl | 59 | 17 | 40 | 27 | 8 | 13 | 19 | 183 |
| | % von Städte | 16,1% | 16,5% | 22,0% | 17,8% | 10,0% | 28,3% | 18,1% | 17,7% |
| negativ | Anzahl | 21 | 4 | 17 | 13 | 4 | 2 | 4 | 65 |
| | % von Städte | 5,7% | 3,9% | 9,3% | 8,6% | 5,0% | 4,3% | 3,8% | 6,3% |
| Gesamt | Anzahl | 366 | 103 | 182 | 152 | 80 | 46 | 105 | 1034 |
| | % von Städte | 100,0% | 100,0% | 100,0% | 100,0% | 100,0% | 100,0% | 100,0% | 100,0% |

Wie beurteilen Sie die Information über kommunale Angelegenheiten?

| die Information über kommunale Angelegenheiten | | | Brandenburg (a.d.H.) | Cottbus | Eberswalde | Frankfurt (Oder) | Jüterbog | Luckenwalde | Neuruppin | Gesamt |
|---|---|---|---|---|---|---|---|---|---|---|
| | sehr positiv | Anzahl | 14 | 3 | 10 | 7 | 2 | 3 | 17 | 56 |
| | | % von Städte | 3,7% | 2,3% | 5,0% | 4,2% | 2,2% | 6,1% | 15,0% | 4,9% |
| | positiv | Anzahl | 148 | 61 | 75 | 51 | 51 | 30 | 43 | 459 |
| | | % von Städte | 38,7% | 45,9% | 37,3% | 30,4% | 57,3% | 61,2% | 38,1% | 40,4% |
| | eher negativ | Anzahl | 158 | 43 | 71 | 69 | 29 | 8 | 46 | 424 |
| | | % von Städte | 41,4% | 32,3% | 35,3% | 41,1% | 32,6% | 16,3% | 40,7% | 37,4% |
| | negativ | Anzahl | 62 | 26 | 45 | 41 | 7 | 8 | 7 | 196 |
| | | % von Städte | 16,2% | 19,5% | 22,4% | 24,4% | 7,9% | 16,3% | 6,2% | 17,3% |
| Gesamt | | Anzahl | 382 | 133 | 201 | 168 | 89 | 49 | 113 | 1135 |
| | | % von Städte | 100,0% | 100,0% | 100,0% | 100,0% | 100,0% | 100,0% | 100,0% | 100,0% |

Wie beurteilen Sie die Möglichkeiten zur Beteiligung an kommunalen Entscheidungen?

| die Möglichkeiten zur Beteiligung an kommunalen Entscheidungen | | | Brandenburg (a.d.H.) | Cottbus | Eberswalde | Frankfurt (Oder) | Jüterbog | Luckenwalde | Neuruppin | Gesamt |
|---|---|---|---|---|---|---|---|---|---|---|
| | sehr positiv | Anzahl | 7 | 1 | 4 | 1 | 0 | 1 | 3 | 17 |
| | | % von Städte | 2,0% | ,8% | 2,2% | ,7% | ,0% | 2,2% | 2,9% | 1,6% |
| | positiv | Anzahl | 72 | 19 | 25 | 35 | 22 | 11 | 33 | 217 |
| | | % von Städte | 20,2% | 15,7% | 13,7% | 22,9% | 27,8% | 24,4% | 32,4% | 20,9% |
| | eher negativ | Anzahl | 158 | 60 | 78 | 55 | 37 | 23 | 40 | 451 |
| | | % von Städte | 44,3% | 49,6% | 42,9% | 35,9% | 46,8% | 51,1% | 39,2% | 43,4% |
| | negativ | Anzahl | 120 | 41 | 75 | 62 | 20 | 10 | 26 | 354 |
| | | % von Städte | 33,6% | 33,9% | 41,2% | 40,5% | 25,3% | 22,2% | 25,5% | 34,1% |
| Gesamt | | Anzahl | 357 | 121 | 182 | 153 | 79 | 45 | 102 | 1039 |
| | | % von Städte | 100,0% | 100,0% | 100,0% | 100,0% | 100,0% | 100,0% | 100,0% | 100,0% |

Wie beurteilen Sie die die Arbeit der politisch Verantwortlichen in der Stadt?

| die Arbeit der politisch Verantwortlichen in der Stadt | | Städte | | | | | | | |
|---|---|---|---|---|---|---|---|---|---|
| | | Brandenburg (a.d.H.) | Cottbus | Eberswalde | Frankfurt (Oder) | Jüterbog | Luckenwalde | Neuruppin | Gesamt |
| sehr positiv | Anzahl | 6 | 0 | 4 | 4 | 0 | 1 | 7 | 22 |
| | % von Städte | 1,5% | ,0% | 2,0% | 2,5% | ,0% | 2,2% | 6,3% | 1,9% |
| positiv | Anzahl | 122 | 8 | 31 | 16 | 33 | 20 | 19 | 249 |
| | % von Städte | 29,9% | 6,0% | 15,3% | 10,1% | 36,7% | 43,5% | 17,0% | 21,7% |
| eher negativ | Anzahl | 151 | 55 | 68 | 58 | 29 | 11 | 42 | 414 |
| | % von Städte | 37,0% | 41,4% | 33,7% | 36,5% | 32,2% | 23,9% | 37,5% | 36,0% |
| negativ | Anzahl | 129 | 70 | 99 | 81 | 28 | 14 | 44 | 465 |
| | % von Städte | 31,6% | 52,6% | 49,0% | 50,9% | 31,1% | 30,4% | 39,3% | 40,4% |
| Gesamt | Anzahl | 408 | 133 | 202 | 159 | 90 | 46 | 112 | 1150 |
| | % von Städte | 100,0% | 100,0% | 100,0% | 100,0% | 100,0% | 100,0% | 100,0% | 100,0% |

Wie beurteilen Sie die Bürgernähe der Verwaltung?

| die Bürgernähe der Verwaltung | | Städte | | | | | | | |
|---|---|---|---|---|---|---|---|---|---|
| | | Brandenburg (a.d.H.) | Cottbus | Eberswalde | Frankfurt (Oder) | Jüterbog | Luckenwalde | Neuruppin | Gesamt |
| sehr positiv | Anzahl | 15 | 0 | 2 | 2 | 0 | 2 | 19 | 40 |
| | % von Städte | 3,8% | ,0% | 1,0% | 1,2% | ,0% | 4,2% | 16,4% | 3,4% |
| positiv | Anzahl | 112 | 43 | 57 | 32 | 37 | 18 | 31 | 330 |
| | % von Städte | 28,0% | 29,5% | 27,7% | 19,8% | 43,5% | 37,5% | 26,7% | 28,4% |
| eher negativ | Anzahl | 148 | 53 | 73 | 61 | 21 | 13 | 38 | 407 |
| | % von Städte | 37,0% | 36,3% | 35,4% | 37,7% | 24,7% | 27,1% | 32,8% | 35,0% |
| negativ | Anzahl | 125 | 50 | 74 | 67 | 27 | 15 | 28 | 386 |
| | % von Städte | 31,3% | 34,2% | 35,9% | 41,4% | 31,8% | 31,3% | 24,1% | 33,2% |
| Gesamt | Anzahl | 400 | 146 | 206 | 162 | 85 | 48 | 116 | 1163 |
| | % von Städte | 100,0% | 100,0% | 100,0% | 100,0% | 100,0% | 100,0% | 100,0% | 100,0% |

Wie beurteilen Sie die Lebensqualität der Stadt ganz allgemein?

| | | Städte | | | | | | | |
|---|---|---|---|---|---|---|---|---|---|
| | | Brandenburg (a.d.H.) | Cottbus | Eberswalde | Frankfurt (Oder) | Jüterbog | Luckenwalde | Neuruppin | Gesamt |
| die Lebensqualität der Stadt ganz allgemein | sehr positiv | Anzahl | 9 | 3 | 5 | 6 | 5 | 0 | 28 | 56 |
| | | % von Städte | 2,0% | 2,0% | 2,2% | 3,4% | 5,4% | ,0% | 22,4% | 4,4% |
| | positiv | Anzahl | 207 | 68 | 78 | 69 | 62 | 28 | 72 | 584 |
| | | % von Städte | 46,9% | 44,4% | 35,0% | 38,8% | 66,7% | 52,8% | 57,6% | 46,1% |
| | eher negativ | Anzahl | 182 | 61 | 106 | 74 | 20 | 20 | 25 | 488 |
| | | % von Städte | 41,3% | 39,9% | 47,5% | 41,6% | 21,5% | 37,7% | 20,0% | 38,5% |
| | negativ | Anzahl | 43 | 21 | 34 | 29 | 6 | 5 | 0 | 138 |
| | | % von Städte | 9,8% | 13,7% | 15,2% | 16,3% | 6,5% | 9,4% | ,0% | 10,9% |
| Gesamt | | Anzahl | 441 | 153 | 223 | 178 | 93 | 53 | 125 | 1266 |
| | | % von Städte | 100,0% | 100,0% | 100,0% | 100,0% | 100,0% | 100,0% | 100,0% | 100,0% |

Wie beurteilen Sie die Entwicklung der Stadt in den letzten 5 Jahren?

| | | Städte | | | | | | | |
|---|---|---|---|---|---|---|---|---|---|
| | | Brandenburg (a.d.H.) | Cottbus | Eberswalde | Frankfurt (Oder) | Jüterbog | Luckenwalde | Neuruppin | Gesamt |
| die Entwicklung der Stadt in den letzten 5 Jahren | sehr positiv | Anzahl | 20 | 2 | 9 | 7 | 4 | 4 | 35 | 81 |
| | | % von Städte | 4,6% | 1,4% | 4,2% | 4,1% | 4,4% | 7,7% | 28,9% | 6,6% |
| | positiv | Anzahl | 186 | 34 | 95 | 48 | 44 | 30 | 61 | 498 |
| | | % von Städte | 42,6% | 23,3% | 44,4% | 28,1% | 48,4% | 57,7% | 50,4% | 40,4% |
| | eher negativ | Anzahl | 156 | 54 | 67 | 64 | 36 | 12 | 17 | 406 |
| | | % von Städte | 35,7% | 37,0% | 31,3% | 37,4% | 39,6% | 23,1% | 14,0% | 33,0% |
| | negativ | Anzahl | 75 | 56 | 43 | 52 | 7 | 6 | 8 | 247 |
| | | % von Städte | 17,2% | 38,4% | 20,1% | 30,4% | 7,7% | 11,5% | 6,6% | 20,0% |
| Gesamt | | Anzahl | 437 | 146 | 214 | 171 | 91 | 52 | 121 | 1232 |
| | | % von Städte | 100,0% | 100,0% | 100,0% | 100,0% | 100,0% | 100,0% | 100,0% | 100,0% |

Wie beurteilen Sie die Perspektiven der Stadt in den nächsten 5 Jahren?

| | | | Städte | | | | | | | |
|---|---|---|---|---|---|---|---|---|---|---|
| | | | Brandenburg (a.d.H.) | Cottbus | Eberswalde | Frankfurt (Oder) | Jüterbog | Luckenwalde | Neuruppin | Gesamt |
| die Perspektiven der Stadt in den nächsten 5 Jahren | sehr positiv | Anzahl | 32 | 0 | 7 | 7 | 1 | 4 | 17 | 68 |
| | | % von Städte | 7,6% | ,0% | 3,4% | 4,0% | 1,1% | 8,2% | 13,8% | 5,6% |
| | positiv | Anzahl | 161 | 26 | 54 | 36 | 34 | 22 | 59 | 392 |
| | | % von Städte | 38,2% | 18,2% | 26,2% | 20,6% | 37,4% | 44,9% | 48,0% | 32,5% |
| | eher negativ | Anzahl | 137 | 55 | 85 | 70 | 44 | 18 | 37 | 446 |
| | | % von Städte | 32,5% | 38,5% | 41,3% | 40,0% | 48,4% | 36,7% | 30,1% | 36,9% |
| | negativ | Anzahl | 91 | 62 | 60 | 62 | 12 | 5 | 10 | 302 |
| | | % von Städte | 21,6% | 43,4% | 29,1% | 35,4% | 13,2% | 10,2% | 8,1% | 25,0% |
| Gesamt | | Anzahl | 421 | 143 | 206 | 175 | 91 | 49 | 123 | 1208 |
| | | % von Städte | 100,0% | 100,0% | 100,0% | 100,0% | 100,0% | 100,0% | 100,0% | 100,0% |

## Anlage 3: Ergebnisse der Onlinebefragung 2003, 2004 (Notenwerte)

| Kategorie | Nr | Merkmal | insgesamt 1.Welle | insgesamt 2.Welle | Brandenburg a.d.H. 1.Welle | Brandenburg a.d.H. 2.Welle | Cottbus 1.Welle | Cottbus 2.Welle | Eberswalde 1.Welle | Eberswalde 2.Welle | Frankfurt (Oder) 1.Welle | Frankfurt (Oder) 2.Welle | Jüterbog 1.Welle | Jüterbog 2.Welle | Luckenwalde 1.Welle | Luckenwalde 2.Welle | Neuruppin 1.Welle | Neuruppin 2.Welle |
|---|---|---|---|---|---|---|---|---|---|---|---|---|---|---|---|---|---|---|
| Erscheinungsbild | 1 | das Erscheinungsbild der Stadt ganz allgemein | 2.7 |  |  |  |  |  |  |  |  |  |  |  |  |  | 2.1 | 1.9 |
|  | 2 | die baulichen Zustand von Gebäuden, Straßen und Plätzen (2004: ohne baulich) | 2.7 | 2.8 | 3.1 | 3.0 | 2.8 | 2.7 | 2.8 | 3.0 | 2.5 | 2.7 | 2.3 | 2.3 | 3.2 | 3.2 | 2.3 | 2.3 |
|  | 3 | die leerstehenden Wohnungen und Gebäude (nur 2003 Telefon) |  |  |  |  |  |  |  |  |  |  |  |  |  |  |  |  |
|  | 4 | die Brachflächen (nur 2003 Telefon) |  |  |  |  |  |  |  |  |  |  |  |  |  |  |  |  |
|  | 5 | die Sauberkeit der Stadt | 3.0 |  | 3.3 |  | 3.0 |  | 3.0 |  | 2.8 |  | 2.5 |  | 3.1 |  | 2.8 | 2.6 |
| Bevölkerung | 6 | die Hilfsbereitschaft und Toleranz der Bevölkerung (2003: offen für Freundschaften) | 2.7 | 2.9 | 2.7 | 2.7 | 2.7 | 2.8 | 3.1 | 2.8 | 2.6 | 2.6 | 2.6 | 2.7 | 2.9 | 2.9 | 2.5 | 2.5 |
| Wohnen | 7 | die Qualität des Wohnungsangebotes in der Stadt | 2.4 | 2.5 | 2.7 | 2.5 | 2.3 | 2.5 | 2.5 | 2.7 | 2.6 | 2.7 | 2.2 | 2.2 | 2.4 | 2.4 | 2.2 | 2.2 |
|  | 8 | das Niveau der Mieten bzw. der Wohnkosten | 2.7 | 2.6 | 2.5 | 2.5 | 2.6 | 2.6 | 2.8 | 2.6 | 2.9 | 3.0 | 2.5 | 2.5 | 2.7 | 2.7 | 2.5 | 2.4 |
|  | 9 | das Wohnungsangebot für Senioren (nur 2003: Telefon) |  |  |  |  |  |  |  |  |  |  |  |  |  |  |  |  |
|  | 10 | das Baulandangebot (nur 2003 Telefon) |  |  |  |  |  |  |  |  |  |  |  |  |  |  |  |  |
| Mobilität | 11 | das Verkehrsaufkommen in der Innenstadt (2003: belastend) | 2.3 |  | 2.3 | 2.4 | 2.3 | 2.3 | 2.3 | 2.2 | 2.2 | 2.2 | 2.6 | 2.9 | 2.4 | 2.7 | 2.8 | 2.7 |
|  | 12 | das Angebot an Bussen, Bahnen und Straßenbahnen | 2.4 |  | 2.4 | 2.6 | 2.3 | 2.3 | 2.8 | 2.6 | 2.3 | 2.4 | 2.6 | 2.3 | 2.4 | 2.2 | 2.8 | 2.3 |
|  | 13 | die Fußgängerfreundlichkeit der Stadt | 3.0 |  | 2.9 | 3.1 | 2.9 | 2.7 | 2.7 | 2.9 | 3.3 | 3.2 | 3.1 | 2.8 | 2.5 | 2.4 | 2.6 | 2.6 |
|  | 14 | die Radfahrerfreundlichkeit der Stadt | 2.9 |  | 3.4 | 3.4 | 2.9 | 2.7 | 3.0 | 3.3 | 2.7 | 3.3 | 3.1 | 2.8 | 3.1 | 2.8 | 2.6 | 2.7 |
|  | 15 | das Parkplatzangebot in der Innenstadt | 2.6 |  | 2.8 | 2.8 | 2.8 | 2.8 | 2.9 | 2.9 | 2.8 | 2.7 | 3.0 | 2.7 | 2.8 | 2.6 | 2.5 | 2.6 |
| Sicherheit | 16 | die Sicherheit der Stadt, auch bei Nacht | 2.2 | 2.3 | 2.7 | 2.8 | 2.1 | 2.1 | 2.6 | 2.9 | 2.0 | 2.3 | 1.9 | 2.0 | 2.8 | 2.6 | 2.2 | 2.3 |
| Freizeit und Erholung | 17 | das Angebot an Gaststätten und Kneipen | 2.5 |  | 2.2 | 2.2 | 2.1 | 2.0 | 2.6 | 2.6 | 2.3 | 2.3 | 2.0 | 1.9 | 2.5 | 2.5 | 2.2 | 2.1 |
|  | 18 | die Häufigkeit von Veranstaltungen kultureller Art | 2.2 | 2.3 | 2.2 | 2.2 | 2.3 | 2.3 | 2.8 | 2.8 | 2.3 | 2.4 | 2.4 | 2.4 | 2.6 | 2.6 | 2.4 | 2.4 |
|  | 19 | die Qualität von Veranstaltungen kultureller Art | 2.1 |  | 2.5 | 2.5 | 2.4 | 2.4 | 2.8 | 2.8 | 2.5 | 2.5 | 2.5 | 2.4 | 2.4 | 2.5 | 2.5 |  |
|  | 20 | das Vereinsangebot | 2.2 |  | 2.6 |  | 2.4 | 2.4 | 2.4 |  | 2.8 |  | 2.1 | 2.1 | 2.2 | 2.3 | 2.1 | 2.1 |
|  | 21 | das Freizeitangebot für Jugendliche | 2.9 |  | 2.0 | 2.0 | 2.9 | 3.2 | 3.0 | 3.5 | 3.3 | 3.2 | 3.1 | 3.1 | 3.1 | 3.1 | 2.8 | 3.0 |
|  | 22 | das Freizeitangebot für Senioren (nur 2003 Telefon) |  |  |  |  |  |  |  |  |  |  |  |  |  |  |  |  |
|  | 23 | die Angebote für Senioren | 2.5 | 2.6 | 2.5 | 2.5 | 2.6 | 2.9 | 2.6 | 2.6 | 2.8 | 2.8 | 2.2 | 2.2 | 2.3 | 2.5 | 2.6 | 2.4 |
|  | 24 | die innerstädtischen Parkanlagen und Grünflächen | 2.2 | 2.3 | 2.4 | 2.4 | 2.0 | 2.0 | 2.0 | 2.1 | 2.1 | 2.1 | 2.4 | 2.4 | 2.6 | 2.6 | 2.2 | 2.0 |
|  | 25 | die Naherholungsmöglichkeiten in der Stadt und der Umgebung | 2.1 | 2.1 | 2.1 | 2.1 | 2.1 | 2.1 | 1.8 | 2.1 | 2.0 | 2.0 | 2.4 | 2.4 | 2.3 | 2.3 | 1.8 | 1.7 |
| Versorgung | 26 | die Qualität des Warenangebots (nur 2003 Online) | 2.9 | 2.8 | 2.9 | 3.3 | 3.0 | 3.4 | 2.9 | 3.0 | 2.6 | 2.6 | 2.3 |  | 3.0 |  | 2.8 | 2.7 |
|  | 27 | die Einkaufsmöglichkeiten in der Innenstadt | 2.7 | 2.5 | 2.7 | 2.6 | 2.3 | 2.1 | 2.3 | 3.1 | 2.2 | 3.1 | 2.2 | 2.2 | 2.7 | 2.7 | 2.3 | 2.3 |
|  | 28 | das Betreuungsangebot für Senioren (nur 2003 Telefon) |  |  |  |  |  |  |  |  |  |  |  |  |  |  |  |  |
|  | 29 | die medizinische Versorgung | 2.5 | 2.4 | 2.5 | 2.5 | 2.4 | 2.3 | 2.7 | 2.4 | 2.4 | 2.4 | 2.7 | 2.7 | 2.6 | 2.6 | 2.1 | 2.1 |
|  | 30 | das Angebot des Wochenmarktes | 3.6 | 3.6 | 3.6 | 3.5 | 3.4 | 3.4 | 2.7 | 2.8 | 3.6 | 3.5 | 3.8 | 3.8 | 3.6 | 3.6 | 3.4 | 3.4 |
| (Aus-) Bildung | 31 | die Qualität der weiterführenden Schulen | 3.4 | 3.4 | 3.4 | 3.4 | 3.6 | 3.6 | 2.8 | 3.0 | 3.7 | 3.7 | 3.9 | 3.4 | 3.5 | 3.0 | 3.4 | 3.0 |
|  | 32 | die Vielfalt der Ausbildungsplatzmöglichkeiten | 2.9 | 2.7 | 3.0 | 3.0 | 2.7 | 2.7 | 2.7 | 2.9 | 3.0 | 2.9 | 2.8 | 2.8 | 2.8 | 2.8 | 2.9 | 2.9 |
|  | 33 | das Angebot an Weiterbildungsmöglichkeiten | 2.8 | 2.8 | 2.7 | 2.8 | 2.7 | 2.7 | 2.5 | 2.6 | 2.6 | 2.6 | 2.2 | 2.3 | 2.6 | 2.5 | 2.0 | 2.3 |
| Arbeiten und Wirtschaft | 34 | das Arbeitsplatzangebot in der Region | 2.5 | 2.4 | 2.4 | 2.4 | 2.4 | 2.3 | 2.7 | 2.4 | 2.4 | 2.4 | 2.7 | 2.6 | 2.6 | 2.7 | 2.1 | 1.8 |
|  | 35 | die wirtschaftliche Entwicklung der Region in den letzten 5 Jahren | 3.6 | 3.4 | 3.5 | 3.4 | 3.4 | 3.4 | 3.5 | 3.5 | 3.6 | 3.5 | 3.8 | 3.8 | 3.6 | 3.6 | 3.4 | 3.4 |
|  | 36 | die Verdienstmöglichkeiten in der Region | 3.6 | 3.6 | 3.6 | 3.5 | 3.5 | 3.5 | 3.6 | 3.5 | 3.7 | 3.8 | 3.8 | 3.8 | 3.6 | 3.6 | 3.4 | 3.4 |
|  | 37 | die wirtschaftliche Perspektive der Region | 3.4 | 3.4 | 3.4 | 3.4 | 3.6 | 3.6 | 3.6 | 3.0 | 3.6 | 3.5 | 3.4 | 3.4 | 3.5 | 3.5 | 3.0 | 1.7 |
| Partizipation | 38 | die Information über kommunale Angelegenheiten (2003: Informationen über Stadtpolitik) | 2.9 | 2.7 | 3.0 | 2.7 | 2.9 | 2.7 | 2.7 | 2.8 | 3.0 | 2.9 | 2.8 | 2.5 | 2.7 | 2.4 | 2.7 | 2.4 |
|  | 39 | die Möglichkeiten zur Beteiligung an kommunalen Entscheidungen | 3.1 | 3.1 | 3.1 | 3.2 | 3.3 | 3.2 | 3.0 | 3.2 | 3.2 | 3.2 | 2.9 | 3.0 | 3.0 | 2.9 | 3.0 | 2.9 |
|  | 40 | die Arbeit der politisch Verantwortlichen | 3.4 | 3.2 | 3.2 | 3.5 | 3.6 | 3.5 | 3.1 | 3.3 | 3.4 | 3.4 | 3.0 | 3.0 | 3.1 | 3.1 | 2.8 | 3.1 |
|  | 41 | die Bürgernähe der Verwaltung | 3.1 | 3.0 | 3.3 | 3.3 | 3.1 | 3.1 | 2.9 | 3.1 | 3.2 | 3.2 | 2.9 | 2.9 | 2.9 | 2.9 | 2.8 | 2.7 |
| Lebensqualität | 42 | Wie beurteilen Sie die Lebensqualität ganz allgemein | 2.8 | 2.6 | 2.8 | 2.6 | 2.7 | 2.7 | 2.7 | 2.8 | 2.6 | 2.7 | 2.3 | 2.3 | 2.8 | 2.6 | 2.8 | 2.7 |
|  | 43 | Wie beurteilen Sie die Lebensqualität der Stadt (nur 2003 Online) |  |  |  |  |  |  |  |  |  |  |  |  |  |  |  |  |
|  | 44 | die Entwicklung der Stadt während der letzten 5 Jahre | 2.7 |  | 2.7 |  | 3.1 |  | 2.7 |  | 2.9 |  | 2.3 | 2.5 | 2.4 | 2.4 | 2.4 | 2.0 |
|  | 45 | die Perspektiven in den nächsten 5 Jahre | 2.8 |  | 2.8 |  | 3.3 |  | 3.0 |  | 3.1 |  | 2.7 | 2.7 | 2.5 | 2.5 | 2.5 | 2.3 |

# Anlage 4: Ergebnisse der Telefonbefragung 2003, 2004 (Notenwerte)

| Bereich | Nr | Merkmal | insgesamt 1.W | insg 2.W | Brandenburg a.d.H. 1.W | Bburg 2.W | Cottbus 1.W | Cottbus 2.W | Eberswalde 1.W | Ebers 2.W | Frankfurt (Oder) 1.W | Frankf 2.W | Jüterbog 1.W | Jüter 2.W | Luckenwalde 1.W | Luck 2.W | Neuruppin 1.W | Neur 2.W |
|---|---|---|---|---|---|---|---|---|---|---|---|---|---|---|---|---|---|---|
| Erscheinungsbild | 1 | das Erscheinungsbild der Stadt ganz allgemein | 2.4 | 2.3 | 3.0 | | 2.4 | 2.4 | 2.5 | 2.4 | 2.5 | 2.6 | 2.0 | 2.0 | 2.5 | 2.5 | 2.2 | 2.0 |
| | 2 | die Zustand von Gebäuden, Straßen und Plätzen (2003: Sanierung) | 2.2 | 2.5 | 2.5 | | 2.2 | 2.5 | 2.2 | 2.5 | 2.1 | | 1.9 | 2.3 | 2.3 | 2.7 | 1.9 | 2.2 |
| Bevölkerung | 3 | die leerstehenden Wohnungen und Gebäude (nur 2003 Telefon) | 2.7 | | 2.9 | | 2.6 | | 2.6 | | 2.8 | | 2.6 | | 3.0 | | 2.4 | |
| | 4 | die Brachflächen (nur 2003 Telefon) | 2.3 | | 2.7 | | 2.5 | | 2.6 | | 2.2 | | 2.2 | | 2.4 | | 2.1 | |
| | 5 | die Sauberkeit der Stadt | 2.6 | 2.4 | 3.0 | | 2.5 | 2.4 | 2.7 | 2.7 | 2.5 | 2.5 | 2.6 | 2.2 | 2.5 | 2.5 | 2.5 | 2.5 |
| | 6 | die Hilfsbereitschaft und Toleranz der Bevölkerung (2003: offen für Freundschaften) | 2.4 | 2.6 | 2.4 | | 2.5 | 2.8 | 2.4 | 2.7 | 2.5 | 2.6 | 2.1 | 2.4 | 2.4 | 2.7 | 2.4 | 2.4 |
| Wohnen | 7 | die Qualität des Wohnungsangebotes in eer Stadt | 2.3 | 2.2 | 2.4 | | 2.5 | 2.3 | 2.3 | 2.2 | 2.4 | 2.5 | 2.2 | 2.0 | 2.2 | 2.1 | 2.2 | 2.1 |
| | 8 | das Niveau der Mieten bzw. der Wohnkosten | 3.1 | 2.6 | 2.8 | | 3.1 | 2.6 | 3.2 | 2.6 | 3.3 | 2.9 | 3.1 | 2.6 | 3.0 | 2.6 | 3.2 | 2.4 |
| | 9 | das Wohnungsangebot für Senioren (nur 2003: Telefon) | 2.2 | | 2.4 | | 1.9 | | 2.3 | | 2.7 | | 1.8 | | 1.8 | | 2.2 | |
| | 10 | das Baulandangebot (nur 2003 Telefon) | 2.2 | | 2.2 | | 2.3 | | 2.2 | | 2.3 | | 2.0 | | 2.2 | | 2.3 | |
| Mobilität | 11 | das Verkehrsaufkommen in der Innenstadt (2003: belastend) | 2.7 | 2.8 | 2.7 | | 2.5 | 2.8 | 3.5 | 3.3 | 2.3 | 2.3 | 2.8 | 2.7 | 2.8 | 2.8 | 2.3 | 2.7 |
| | 12 | das Angebot an Bussen, Bahnen und Straßenbahnen | 2.0 | 2.1 | 2.1 | | 1.9 | 2.1 | 1.7 | 2.0 | 2.0 | 2.1 | 2.2 | 2.2 | 2.2 | 2.3 | 2.1 | 2.2 |
| | 13 | die Fußgängerfreundlichkeit der Stadt | 1.8 | 2.3 | 1.7 | | 1.8 | 2.3 | 2.4 | 2.4 | 1.8 | 2.2 | 1.8 | 2.0 | 1.8 | 2.3 | 1.7 | 2.1 |
| | 14 | die Radfahrerfreundlichkeit der Stadt | 2.3 | 2.7 | 2.5 | | 2.3 | 2.6 | 2.3 | 2.7 | 2.7 | 3.0 | 2.3 | 2.6 | 2.1 | 2.5 | 2.0 | 2.7 |
| | 15 | das Parkplatzangebot in der Innenstadt | 3.0 | 2.9 | 3.6 | | 3.0 | 3.0 | 3.5 | 3.3 | 2.9 | 2.9 | 3.0 | 2.7 | 2.6 | 2.6 | 3.0 | 3.0 |
| Sicherheit | 16 | die Sicherheit der Stadt, auch bei Nacht | 2.7 | 2.5 | 2.9 | | 2.7 | 2.6 | 2.7 | 2.6 | 2.7 | 2.7 | 2.7 | 2.6 | 2.6 | 2.4 | 2.5 | 2.4 |
| Freizeit und Erholung | 17 | das Angebot an Gaststätten und Kneipen | 2.0 | 1.9 | 2.0 | | 2.0 | 1.9 | 2.1 | 2.2 | 2.0 | 2.0 | 1.8 | 1.8 | 2.1 | 2.1 | 1.9 | 1.9 |
| | 18 | die Häufigkeit von Veranstaltungen kultureller Art | 2.5 | 2.3 | 2.7 | | 2.3 | 2.1 | 2.6 | 2.3 | 2.5 | 2.5 | 2.5 | 2.2 | 2.4 | 2.3 | 2.4 | 2.2 |
| | 19 | die Qualität von Veranstaltungen kultureller Art | 2.4 | 2.2 | 2.7 | | 2.2 | 2.1 | 2.1 | 2.1 | 2.4 | 2.3 | 2.3 | 2.0 | 2.3 | 2.3 | 2.3 | 2.1 |
| | 20 | das Vereinsangebot | 2.1 | 2.1 | 2.2 | | 2.2 | 2.2 | 2.1 | 2.2 | 2.2 | 2.1 | 2.2 | 2.1 | 2.1 | 2.1 | 2.1 | 2.1 |
| | 21 | das Freizeitangebot für Jugendliche | 3.4 | 3.1 | 3.5 | | 3.3 | 3.0 | 3.5 | 3.3 | 3.4 | 3.2 | 3.2 | 3.0 | 3.3 | 3.1 | 3.2 | 3.1 |
| | 22 | das Freizeitangebot für Senioren (nur 2004 Telefon) | 2.4 | | | | 2.4 | | 2.7 | | 2.4 | | 2.5 | | 2.2 | | 2.1 | |
| | 23 | die Angebote für Senioren | 2.4 | 2.4 | 2.4 | | 2.4 | 2.4 | 2.7 | 2.5 | 2.4 | 2.5 | 2.5 | 2.2 | 2.2 | 2.3 | 2.1 | 2.3 |
| | 24 | die innerstädtischen Parkanlagen und Grünflächen | 2.3 | 2.2 | 2.5 | | 2.3 | 2.0 | 2.3 | 2.4 | 2.2 | 2.1 | 2.3 | 2.3 | 2.2 | 2.2 | 2.3 | 2.3 |
| | 25 | die Naherholungsmöglichkeiten in der Stadt und der Umgebung | 2.1 | 2.1 | 2.1 | | 2.2 | 2.2 | 1.8 | 2.0 | 2.3 | 2.2 | 2.1 | 2.4 | 2.1 | 2.0 | 1.8 | 1.8 |
| Versorgung | 26 | die Qualität des Warenangebots (nur 2002 Online) | 2.7 | | | | 2.8 | | 2.7 | | 2.4 | | 2.2 | | 2.8 | | 2.7 | |
| | 27 | die Einkaufsmöglichkeiten in der Innenstadt | 1.9 | 2.4 | 3.1 | | 2.0 | 2.4 | 1.9 | 2.5 | 2.1 | 2.2 | 2.0 | 1.9 | 1.8 | 1.8 | 1.8 | 2.7 |
| | 28 | das Betreuungsangebot für Senioren (Nur 2003 Telefon) | 2.2 | | | | 2.1 | | 2.3 | | 2.1 | | 2.0 | | 2.5 | | 1.8 | |
| | 29 | die medizinische Versorgung | 2.2 | 2.2 | 2.1 | | 2.1 | 2.2 | 2.3 | 2.3 | 2.1 | 2.0 | 2.3 | 2.5 | 2.1 | 2.1 | 1.9 | 2.0 |
| | 30 | das Angebot des Wochenmarktes | 2.1 | 1.9 | | | 2.1 | 1.9 | 2.4 | 2.2 | 2.1 | | 2.1 | 2.1 | | 2.1 | | |
| (Aus-) Bildung | 31 | die Qualität der weiterführenden Schulen | 2.2 | 2.4 | 2.5 | | 2.4 | 2.5 | 2.1 | 2.3 | 2.1 | 2.5 | 2.4 | 2.4 | 2.3 | 2.4 | 1.8 | 2.1 |
| | 32 | die Vielfalt des Ausbildungsplatzangebotes | 3.7 | 3.5 | 3.8 | | 3.7 | 3.5 | 3.6 | 3.5 | 3.8 | 3.8 | 3.7 | 3.6 | 3.8 | 3.6 | 3.8 | 3.8 |
| | 33 | das Angebot an Weiterbildungsmöglichkeiten | 2.7 | 2.8 | 2.6 | | 2.6 | 2.6 | 2.6 | 2.9 | 2.4 | 2.7 | 3.0 | 3.0 | 2.9 | 2.8 | 2.7 | 2.7 |
| Arbeiten und Wirtschaft | 34 | das Arbeitsplatzangebot an in der Region | 3.8 | 3.8 | 3.8 | | 3.8 | 3.9 | 3.8 | 3.8 | 3.8 | 3.8 | 3.8 | 3.8 | 3.8 | 3.8 | 3.7 | 3.6 |
| | 35 | die wirtschaftliche Entwicklung der Region in den letzten 5 Jahren | 3.2 | 3.1 | 3.4 | | 3.2 | 3.5 | 3.1 | 3.2 | 3.4 | 3.5 | 3.0 | 3.3 | 3.5 | 3.5 | 2.8 | 2.8 |
| | 36 | die Verdienstmöglichkeiten in der Region | 3.6 | 3.5 | 3.5 | | 3.6 | 3.6 | 3.6 | 3.5 | 3.6 | 3.6 | 3.6 | 3.6 | 3.6 | 3.6 | 3.5 | 3.5 |
| | 37 | die wirtschaftliche Perspektive der Region | 3.2 | 3.2 | 3.1 | | 3.3 | 3.5 | 3.2 | 3.2 | 3.4 | 3.4 | 3.3 | 3.3 | 3.1 | 3.5 | 3.0 | 2.9 |
| Partizipation | 38 | die Information über kommunale Angelegenheiten (2003: Informationen über Stadtpolitik) | 2.5 | 2.3 | 2.7 | | 2.6 | 2.5 | 2.4 | 2.4 | 2.6 | 2.5 | 2.4 | 2.2 | 2.8 | 2.2 | 2.3 | 2.3 |
| | 39 | die Möglichkeiten zur Beteiligung an kommunalen Entscheidungen | 2.9 | 2.9 | 3.0 | | 3.1 | 3.1 | 2.8 | 2.9 | 3.1 | 2.9 | 2.7 | 2.8 | 2.6 | 2.6 | 2.9 | 2.7 |
| | 40 | die Arbeit der politisch Verantwortlichen | 3.0 | 3.5 | 3.5 | | 3.3 | 3.5 | 2.9 | 2.9 | 3.2 | 3.1 | 2.7 | 2.7 | 2.5 | 2.6 | 2.9 | 2.9 |
| | 41 | die Bürgernähe der Verwaltung | 2.6 | 2.7 | 2.9 | | 2.4 | 2.3 | 2.5 | 2.7 | 2.5 | 2.8 | 2.2 | 2.1 | 2.6 | 2.4 | 2.5 | 2.5 |
| Lebensqualität | 42 | Wie beurteilen Sie die Lebensqualität ganz allgemein | 2.4 | 2.4 | 2.8 | | 2.8 | 2.8 | 2.1 | 2.3 | 2.5 | 2.7 | 2.2 | 2.2 | 2.3 | 2.5 | 2.0 | 2.0 |
| | 43 | die Entwicklung der Stadt (nur 2003 Online) | 2.6 | | 2.9 | | 2.7 | | 2.4 | | 2.7 | | 2.6 | | 2.6 | | 2.0 | |
| | 44 | die Entwicklung der Stadt während der letzten 5 Jahre | 2.4 | 2.4 | 2.9 | | 2.8 | 3.0 | 2.4 | 2.5 | 2.7 | 2.9 | 2.7 | 2.6 | 2.3 | 2.4 | 2.0 | 1.9 |
| | 45 | die Perspektiven in den nächsten 5 Jahren | 2.5 | 2.6 | 2.4 | | 2.7 | 2.7 | 2.4 | 2.2 | 2.7 | 2.9 | 2.7 | 2.7 | 2.3 | 2.2 | 2.4 | 2.2 |

## Anlage 5: Gegenüberstellung objektive Indikatoren - Fragen der Onlinebefragung 2004

| Name der Bereiche | Set objektiver Indikatoren | Fragen der Onlinebefragung 2004: Wie beurteilen Sie ... ? |
|---|---|---|
| Bevölkerung | Einwohnerzahl | die Hilfsbereitschaft und Toleranz der Bevölkerung |
|  | Altersverteilung |  |
|  | Wanderungsbewegungen |  |
| Erscheinungsbild |  | das Erscheinungsbild der Stadt ganz allgemein |
|  |  | der Zustand von Gebäuden, Straßen und Plätzen |
|  |  | die Sauberkeit der Stadt |
| Wohnen | Wohnfläche pro Person | die Qualität des Wohnungsangebotes in der Stadt |
|  | Durchschnittliche Nettokaltmiete einer vollsanierten Plattenbauwohnung | das Niveau der Mieten bzw. der Wohnkosten |
|  | Anteil der Wohnungen in Ein- und Zweifamilienhäusern |  |
|  | Leerstandsquote in Wohnungen |  |
| Bauen | Anzahl der Wohneinheiten der Baufertigstellungen im Neubau |  |
|  | Brachennachnutzung |  |
| Arbeiten und Wirtschaft | Arbeitslosenrate | das Arbeitsplatzangebot an in der Region |
|  | Sozialversicherungspflichtig Beschäftigte am Wohn- und Arbeitsort | die wirtschaftliche Entwicklung der Region in den letzten 5 Jahren |
|  | Pendleraufkommen | die Verdienstmöglichkeiten in der Region |
|  | Zahl der Sozialhilfeempfänger | die wirtschaftliche Perspektive der Region |
|  | Steueraufkommen je Einwohner |  |
| (Aus-) Bildung | Anzahl der Ausbildungsverhältnisse im ersten Lehrjahr | die Qualität der weiterführenden Schulen |
|  | Anteil der Schulabgänger | die Vielfalt des Ausbildungsplatzangebotes |
|  |  | das Angebot an Weiterbildungsmöglichkeiten |
| Freizeit und Erholung | Kommunale Ausgaben für Kultur und Sport | das Angebot an Gaststätten und Kneipen |
|  | Qualität der Luftgüte | die Häufigkeit von Veranstaltungen kultureller Art |
|  |  | die Qualität von Veranstaltungen kultureller Art |
|  |  | das Vereinsangebot |
|  |  | das Freizeitangebot für Jugendliche |
|  |  | die Angebote für Senioren |
|  |  | die innerstädtischen Parkanlagen und Grünflächen |
|  |  | die Naherholungsmöglichkeiten in der Stadt und der Umgebung |
| Versorgung | Anteil der Anbieter regionaler Nahrungsmittel auf dem Wochenmarkt | die Einkaufsmöglichkeiten in der Innenstadt |
|  |  | die medizinische Versorgung |
|  |  | das Angebot des Wochenmarktes |
| Mobilität | Länge der öffentlichen Radwege | das Verkehrsaufkommen in der Innenstadt |
|  | PKW-Dichte | das Angebot an Bussen, Bahnen und Straßenbahnen |
|  |  | die Fußgängerfreundlichkeit der Stadt |
|  |  | die Radfahrerfreundlichkeit der Stadt |
|  |  | das Parkplatzangebot in der Innenstadt |
| Sicherheit | Bekannt gewordene Straftaten | die Sicherheit der Stadt, auch bei Nacht |
| Partizipation | Wahlbeteiligung bei der Kommunalwahl | die Information über kommunale Angelegenheiten |
|  | Anteil der Frauen im Kommunalparlament | die Möglichkeiten zur Beteiligung an kommunalen Entscheidungen |
|  |  | die Arbeit der politisch Verantwortlichen |
|  |  | die Bürgernähe der Verwaltung |
| Lebensqualität |  | die Lebensqualität ganz allgemein |
|  |  | die Entwicklung der Stadt während der letzten 5 Jahre |
|  |  | die Perspektiven in den nächsten 5 Jahren |

# Die Autoren

*Dr. Reinhard Aehnelt*, Jahrgang 1950, Diplom Sozialwissenschaftler, Studium in Marburg, Promotion und Mitarbeit in einer regionalwissenschaftlichen Arbeitsgruppe an der Universität/Gesamthochschule Kassel, Forschungsarbeiten zur Internationalen Arbeitsteilung in Deutschland und Mexiko, seit 1987 in Berlin und Brandenburg zunächst in der Sozialplanung und danach in der Stadt- und Regionalforschung tätig. Von 2001 bis 2003 Leiter des Forschungs- und Beratungsbüros advis, seit 2003 wissenschaftlicher Mitarbeiter am Institut für Stadtforschung und Strukturpolitik GmbH Berlin. Lehraufträge in Kassel, Hamburg und Berlin.

*Dr. Manfred Kühn*, Jahrgang 1960, Dipl.-Ing. für Landschaftsplanung, studierte an der Universität/Gesamthochschule Kassel und war anschließend in der empirischen Planungsforschung als wissenschaftlicher Mitarbeiter beschäftigt. 1993 Promotion zum Thema Tourismus und Regionalentwicklung. 1995 Leitung eines Planungsbüros in Erfurt. Seit 1996 wissenschaftlicher Mitarbeiter und Projektleiter am Leibniz-Institut für Regionalentwicklung und Strukturplanung (IRS) Erkner. Langjährige Lehraufträge am Institut für Stadt- und Regionalplanung der Technischen Universität Berlin und am Institut für Geographie der Universität Potsdam. Mitglied der LAG Berlin/Brandenburg/Mecklenburg-Vorpommern und korrespondierendes Mitglied der ARL. Forschungsschwerpunkte: Stadt- und Regionalplanung, Stadtlandschaften und Strategische Planung.

*Inga Schütte,* Jahrgang 1975, studierte Geographie an der Universität Heidelberg sowie der Universität Bonn. Seit Frühjahr 2002 ist sie im Bereich der Stadtforschung tätig. Im Rahmen einer freiberuflichen Tätigkeit arbeitete sie für das Büro advis in Berlin. Im September 2002 nahm sie ihre Tätigkeit am Leibniz-Institut für Regionalentwicklung und Strukturplanung (IRS) in Erkner auf. Neben ihrer wissenschaftlichen Mitarbeit in der Abteilung „Regenerierung schrumpfender Städte" arbeitet sie seit Oktober 2005 im Bereich Wissenschaftsmanagement und Wissenschaftsorganisation.

# Weitere Veröffentlichungen im Selbstverlag des Leibniz-Instituts für Regionalentwicklung und Strukturplanung (IRS)

**I.   In der Reihe REGIO transfer (Beiträge des IRS) sind bisher erschienen:**

N° 1   "Regenerierung schrumpfender Städte - Beiträge zur Umbaudebatte in Ostdeutschland"
2001; ISBN 3-934669-01-8. 13,00 Euro

N° 2   "Eine Frage des Stils? - Alltagsmobilität im Kontext von Raumstruktur und Lebensstil"
2002; ISBN 3-934669-02-6;  ISSN 1611-5767. 10,00 Euro

N° 3   "Menschenbilder - Skizzen aus einer multdisziplinären Werkstatt von Sozial- und PlanungswissenschaftlerInnen" - Eine Dokumentation -
2003; ISBN 3-934669-04-2;  ISSN 1611-5767. 10,00 Euro

N° 4   "Neue Ansätze integrierter Stadtteilentwicklung: Placemaking und Local Governance"
2004; ISBN 3-934669-03-4;  ISSN 1611-5767. 15,00 Euro

N° 5   "Schönheit und Typenprojektierung. Der DDR-Städtebau im internationalen Kontext"
2005; ISBN 3-934669-05-0;  ISSN 1611-5767. 15,00 Euro

N° 6   "Lebensqualität in Klein- und Mittelstädten. Monitoring im Städtekranz Berlin-Brandenburg"
2006; ISBN 3-934669-06-9;  ISSN 1611-5767. 12,00 Euro

**II.   In der Reihe REGIO-doc sind bisher erschienen:**

N° 1   "Reise nach Moskau". Dokumente zur Erklärung von Motiven, Entscheidungsstrukturen und Umsetzungskonflikten für den ersten städtebaulichen Paradigmenwechsel in der DDR und zum Umfeld des "Aufbaugesetzes" von 1950.
(1/1995), 1995; ISBN 3-9803304-8-6. 5,00 Euro

N° 2   "Prämiert und ausgeschieden". Dokumentation eines IRS-Sammlungsbestandes zu Städtebaulichen Wettbewerben in der DDR.
(2/1998), 1998; ISBN 3-9805983-3-0. 14,00 Euro

N° 3   "Vom Baukünstler zum Komplexprojektanten. Architekten in der DDR". Dokumentation eines IRS-Sammlungsbestandes biographischer Daten.
(12/2000), 2000; ISBN 3-934669-00-X. 19,00 Euro

**III.   In der Reihe REGIO (Beiträge des IRS) sind erschienen:**

N° 1   "Regionales Strukturkonzept für den Verflechtungsraum
       Brandenburg-Berlin"
       1992; ISBN 3-9803304-0-0. 14,00 Euro                     (vergriffen)

N° 2   "Stadterweiterungen im Umkreis von Metropolen"
       1993; ISBN 3-9803304-1-9. 9,00 Euro                      (vergriffen)

N° 3   "Der Wirtschaftsraum Brandenburg-Berlin.
       Bestimmungsfaktoren für die räumliche Entwicklung"
       1993; ISBN 3-9803304-2-7. 5,00 Euro

N° 4   "Großsiedlungen in Mittel- und Osteuropa"
       1994; ISBN 3-9803304-3-5. 6,00 Euro

N° 5   "Raumordnung in Brandenburg und Berlin"
       1994; ISBN 3-9803304-4-3. 17,50 Euro                     (vergriffen)

N° 6   "Regionen im Umbruch"
       1995; ISBN 3-9803304-5-1. 7,50 Euro

N° 7   "Konversion in Brandenburg und Berlin"
       1995; ISBN 3-9803304-6-X. 6,00 Euro

N° 8   "Lebensstile und Raumerleben"
       1995; ISBN 3-9803304-7-8. 4,50 Euro

N° 9   "Border Regions in Functional Transition-European and
       North American Perspectives"
       1996; ISBN 3-9803304-9-4. 6,00 Euro

N° 10  "Archäologie und Aneignung. Ideen, Pläne und Stadtfigurationen.
       Aufsätze zur Ostberliner Stadtentwicklung nach 1945"
       1996; ISBN 3-9804917-6-5. 5,00 Euro                      (vergriffen)

N° 11  "Zwischen Tradition und Vision"
       1997; ISBN 3-9804917-3-0. 11,00 Euro

N° 12  "Städtebauliche Entwicklungslinien in Mittel- und Osteuropa"
       1997; ISBN 3-9804917-9-X. 11,00 Euro

N° 13  "Brandenburger Städte definieren sich neu. Vom Städteforum
       zum Städtenetz"
       1997; ISBN 3-9805983-1-4. 11,00 Euro

N° 14  "Kulturlandschaften zwischen Schutz und Nutzung. Modellhafte Pla-
       nungsansätze einer nachhaltigen Freiraum- und Lanschaftsentwicklung"
       1999; ISBN 3-9805983-5-7. 14,00 Euro

N° 15 "Warum zum Beispiel die Stalinallee? Beiträge zu einer Transformations-
geschichte des modernen Planens und Bauens"
1999; ISBN 3-9805983-8-1. 10,00 Euro                      (vergriffen)

**IV.   In der GRAUEN REIHE (Materialien des IRS) sind erschienen:**

N° 1   "Vom Eigensinn des Raumes"
       1993; 6,00 Euro                                    (vergriffen)

N° 2   "Nachhaltig... Zukunftsfähig... Dauerhaft... 'Sustainable Development' als
       Leitbegriff in der Regionalentwicklung"
       1993; 5,00 Euro                                    (vergriffen)

N° 3   "Stadt- und Regionalentwicklung in der Euroregion Viadrina"
       1994; 6,00 Euro                                    (vergriffen)

N° 4   "Zivile Gesellschaft: Wirklichkeit oder Beschwörung neuen Gemein-
       sinns?"
       1994; 4,00 Euro

N° 5   "Schlüsselfaktor Bildung. Weiterbildung in wissenschaftlichen Einrich-
       tungen am Beispiel des IRS"
       1994; 4,00 Euro

N° 6   "Vom Expertenwissen zum Orientierungswissen. Verständniswandel der
       wissenschaftlichen Politikberatung"
       1994; 5,00 Euro                                    (vergriffen)

N° 7   "Konversion als Chance zur regionalen Entwicklung"
       1995; 4,00 Euro

N° 8   "Perspektiven für den ländlichen Raum"
       1995; 6,50 Euro                                    (vergriffen)

N° 9   "Organisierte Gruppenselbsthilfe im Eigenheimbau"
       1996; ISBN 3-9804917-0-6. 14,00 Euro

N° 10  "Nachhaltige Freiraumentwicklung aus siedlungsstruktureller und regio-
       naler Sicht"
       1996; ISBN 3-9804917-1-4. 4,50 Euro

N° 11  "Managing the 'invisible city': the changing function of technical networks
       in Europe"
       1996; ISBN 3-9804917-2-2. 3,00 Euro

N° 12  "Im Dickicht der Archive. Forschungs- und Sammlungsarbeit zur Bau- und
       Planungsgeschichte der DDR - Eine Tagungsdokumentation"
       1997; ISBN 3-9804917-4-9. 9,00 Euro

N° 13 "Grundzüge einer nachhaltigen Siedlungsstruktur- und Stadtentwicklung in den neuen Ländern"
1997; ISBN 3-9804917-5-7. 9,00 Euro                                    (vergriffen)

N° 14 "Zwischen Selbstorganisation und Verwaltung. Kommunalisierung der Arbeitsmarktpolitik im Raum Brandenburg an der Havel"
1997; ISBN 3-9804917-7-3. 6,00 Euro

N° 15 "Raum und Identität. Potentiale und Konflikte in der Stadt- und Regionalentwicklung"
1997; ISBN 3-9804917-8-1. 8,00 Euro                                    (vergriffen)

N° 16 "Migration in Stadtregionen der neuen Bundesländer"
1998; ISBN 3-9805983-0-6. 9,00 Euro

N° 17 "Perspektiven der großen Neubaugebiete in den neuen Bundesländern"
1998; ISBN 3-9805983-2-2. 8,00 Euro                                    (vergriffen)

N° 18 "Decentralized Spatial Policies for Regions in Transition. Perspectives from Berlin-Brandenburg and Jalisco"
1998; ISBN 3-9805983-4-9. 7,00 Euro

N° 19 "Planen für das Kollektiv. Handlungs- und Gestaltungsspielräume von Architekten und Stadtplanern". Dokumentation des 4. Werkstattgesprächs vom 15.-16. Oktober 1998
1999; ISBN 3-9805983-6-5. 9,00 Euro

N° 20 "Siedlungsstrukturen, räumliche Mobilität und Verkehr. Auf dem Weg zur Nachhaltigkeit in Stadtregionen?"
1999; ISBN 3-9805983-7-3. 7,00 Euro

N° 21 "Regionale Kooperation - Notwendigkeit und Herausforderung kommunaler Politik"
2000; ISBN 3-9805983-9-X. 11,00 Euro                                   (vergriffen)


**V.    Vierteljährlich erscheint der Newsletter "IRS aktuell"**
ISSN 0944-7377